丁伟围棋之路

李毅◎著

云南出版集团
云南美术出版社

图书在版编目（C I P）数据

丁伟围棋之路 / 李毅著. -- 昆明 : 云南美术出版社, 2019.5
ISBN 978-7-5489-3585-8

Ⅰ. ①丁… Ⅱ. ①李… Ⅲ. ①丁伟一生平事迹 Ⅳ. ①K825.47

中国版本图书馆CIP数据核字(2019)第069578号

出 版 人
李　维　刘大伟

责任编辑
于重榕　刁正勇　孙小渊

责任校对
赵　婧　台　文

整体设计
刁正勇

丁伟围棋之路

李毅◎著

出版发行：云南出版集团 云南美术出版社
制版印刷：云南出版印刷集团有限责任公司
云南新华印刷一厂
开　　本：889mm × 1194mm 1/32
字　　数：210 千
印　　张：9
印　　数：1~5000
版　　次：2019 年 5 月第 1 版
印　　次：2019 年 5 月第 1 次印刷
ISBN 978-7-5489-3585-8
定　　价：38.00 元

目录

001
序

007
一　云南围棋之子的诞生

023
二　大姚启蒙与走出楚雄

039
三　在云南省少年围棋队的日子

067
四　在国家少年围棋队的日子

089
五　进入国家围棋队

115
六　网络传奇“龙飞虎”

157
七　国内外征战

187
八　再回昆明造福桑梓，推广围棋谱新篇

215
九　纪念棋谱（一）：二十个精彩

259
十　纪念棋谱（二）：十个教训

281
后记

◆国手丁伟（左）与作者合影

序一

曾华

围棋，是中国的国粹，是中国发明并传承久远的艺术与竞技项目。数千年以来，人类多少发明显赫一时但又化为历史尘埃，围棋是中国人民贡献给世界的历经沧桑而未湮灭的高端智慧产品，时光的变迁反而让它历久弥新，体现越来越强大的生命力，逐渐得到世界范围的传播！陈毅元帅说过：“国运兴，棋运兴。”当今中国经济取得了长足进步，世人瞩目，文化和体育也进入繁荣时期。围棋作为一项很适合提高青少年智力水平的运动项目，被誉为“脑力体操”，对培养青少年的独立意识、观察能力、逻辑推理能力、分析与解决问题的能力、换位思考的能力，提高青少年的专注力、计算能力、想象力，增强青少年的抗挫折能力，开发青少年的创造力等方面具有其他艺术与体育项目难以比拟的优势，也日益得到世人的重视。人类开发的人工智能，也只有当它打败了围棋顶尖高手之后，才能象征着它最后占领了人类智慧的最高地。因此，在国运兴盛的当下，越来越多的学前教育者和家长认识到让孩子学习围棋十分必要，把围棋当成一种素质教育，将对孩子的一生产生积极影响，并长久受益。围棋进幼儿园、进校园、进家庭的情况日渐增多，学围棋逐渐成为一种时尚。

目前，中国已有围棋职业九段四十多名，主要产生于东中部经济文化发达地区，而在西部地区的职业九段寥若晨星，屈指可数，云南的丁伟就是其中一个，他是国内第二十八位获此殊荣的棋士，也是云南省目前为止本省籍土生土长唯一的九段。

丁伟曾获得全国围棋个人赛冠军，获得过世界团体冠军，也曾进入过世界四强，他作为云南乃至中国棋坛的名将，是如何走上围棋道路，得到哪些热心人的帮助，经历过哪些风雨和坎坷，又怎样取得一个个优异的成绩……许多的云南围棋人对此颇感兴趣，把这些经历记录下来并予以出版，对于广大读者，特别是云南学棋的青少年具有非凡意义，也将对围棋文化的推广普及产生积极作用！本书正是在这种背景下问世的。该书把丁伟的围棋之路分为两个阶段：一是学棋与比赛；二是推广普及围棋。第一阶段从 1984 年学棋开始，2014 年退出一线比赛为止，长达 30 年；第二阶段从 2014 年成立“丁伟围棋教室”至此书写作完成（2018 年），已有四年时间。第一阶段是该书的主体部分，占了大部分的篇幅，叙述了丁伟从开始学棋、考上职业初段，到实现九段的 23 年历程；另外，还从生活地点的转移、丁伟比赛获奖两条线索展示了丁伟个人围棋事业发展的重要节点。但最重要的有下列几个节点：5 岁在大姚县开始学棋，7 岁进入云南省昆明少棋班，13 岁在北京获得职业初段，16 岁进入国家队，18 岁获得全国个人赛冠军，21 岁获得全国快棋赛冠军，“龙飞虎”的传说诞生，28 岁升为九段，35 岁时退出一线比赛。第二阶段所述推广普及围棋的内容所占篇幅不多，主要总结了丁伟推广普及围棋所做的八件事。了解丁伟的围棋之路，我们可以知道，丁伟在中国棋坛上所取得的成绩是优良的，是大多数职业棋士终其一生无法取得的！丁伟的事例为云南围棋学子学习围棋提供了一个很好的榜样，也为云南的许多家长们提供一个参考——如果你的孩子确实有下围棋的天赋并且深爱围棋，加上家庭条件允许，那么可以考虑让孩子走一条他发自心底喜欢的棋路，让他至老不悔，真正去践行棋界常常说的“棋如人生”！

本书作者李毅，是云南师范大学的一名历史老师，除了承担本专业的课程外，还给全校学生开设公共选修课《围棋智慧与初级竞技》，兼任学校教工围棋协会的秘书长，连续多年操办了校内外的围棋联谊比赛活动，对推广普及国粹尽了一份力。为了完成本书的写作，他多次抽时间去访问丁伟的老师、家人，甚至不止一次到楚雄去访问丁伟的父母亲以及开棋老师闫永红。他花了近两年的时间，搜集到很多有关丁伟的围棋资料，经过整理叙述，完成了本书。本书资料翔实，除了文字，还有许多丁伟在国内外棋战中的棋谱；语言平实，叙述细致生动，写实性强，言之有据，可供借鉴。另外，丁伟提供了丰富而珍贵的相片，并做了有关说明，成为全书的出彩之处。

本书的出版，是云南围棋发展史上的好事，对促进云南围棋事业的发展会产生积极意义与推动作用！欣喜之余，是为序！

序二

尹勇

丁伟是一位从三迤大地走出去的棋手，一位地地道道的本土棋手，也是我们云南籍的一位九段棋手，因此他的成长经历，他的棋士生涯，他的传奇故事，更加深深地打动我们每一位云南棋迷。

任何人的憧憬和梦想都并不是直线式发展的，在不谙此道之人的眼中，棋士的生活未免单调，但从一位棋手的成长经历中我们肯定会找到一些成功的密码，也能悟出一位棋士的艰辛，感受他心中澎湃的激情。任何人的成长都有自我的起点，也就是自己的根，因此追本溯源，丁伟九段的成长离不开云南方方面面的支持，云南的亲友、师长、棋迷和各级领导都曾付出过努力，首先是他的父亲丁汉杰和他的初级围棋老师闫永红及其云南楚雄大姚铜矿的棋友们，之后有慧眼识才的云南省围棋队教练陆军老师和云南省围棋队周林书领队，以及他的恩师代心泉老师，同时也得到了当时的云南省体委和省委省政府各级领导的关注和大力的支持。当然，丁伟的成长也离不开云南广大的业余棋手和棋迷帮助。因此，丁伟从云南少棋队到国家少棋队、国家队，直至成为名噪一时的中国围棋“七小龙”之一，他的成长已深深地烙下了故土云岭高原印迹。

丁伟是一位真正从云南走出去的棋手，他所到达的高度和所创的辉煌值得我们满怀梦想的青少年学习，他的成长之路值得我们借鉴。围棋的快乐很简单也很单纯，细究起来却很高远。传承围棋文化，感受围棋魅力，一直以来都是体育部门和围棋工作者的重心，把围棋事业继续推广发扬光大，使围棋成为新时代人民美好生活的组成部分是我们的义务和责任，因此丁伟的围棋之路，对下棋者、学棋者乃至不下棋者、不学棋者都将大有裨益，或也能给广大围棋爱好者提供一个仅供参考的“学棋攻略”。棋中有艺、有道，也有人生，正所谓棋如人生，人生如棋。希望无论是对于从事围棋运动的专业人士、围棋爱好者，还是广大读者来说，都能通过这本书从不同的角度获得专业和人生的启迪。

是为序。

◆ 1991 年 9 月，菊池康郎（二排左四）率“绿星围棋学园”弟子到北京与国青队、国少队交流（一排右三为丁伟）
图片来源：日本棋院主办《棋道》，1991 年第 10 期

一 云南围棋之子的诞生

南华县医院：一个平常的日子

1979年5月中旬，彝州大地山花烂漫，桃李飘香，雨露澌沛，万物迎来茁壮成长时期。在这个春夏之交的季节，丁伟的父亲母亲比预产期提前几天从工作单位大姚铜矿来到了南华县城，为丁伟的出世做准备。

当时，从大姚铜矿乘车到大姚县城需要半天时间，而从大姚县城到南华县城又需要半天时间。为什么丁伟的父母亲既不在铜矿医院，也不在大姚县医院，而要舍近求远，不顾颠簸，来到南华县城分娩呢？那是因为丁伟的爷爷在南华县成立时期就在县委工作，作为南华县委班子成员之一，在南华县建立之初谋篇布局，为搭建机构做出了巨大贡献。

丁伟的爷爷奶奶在听说儿媳妇怀上第二胎后，满心欢喜，特别是奶奶，身体健康，勤劳能干，大孙子从出生以后就是她一直带在身边。她经常掰着手指头算着二孙子的预产期，对儿媳妇问寒问暖，百般叮嘱，早就盼着分娩这一天了！

丁伟父母到南华县城之后，自然受到了妥帖安排，特别是母亲，就像国宝大熊猫一样得到了全家的悉心照顾。母亲是一个不娇气、能吃苦、有担当的人，不习惯一家人都围着自己转。就在离开矿上前，她还一直在正常上班，没有因为怀孕而耽误工作。住进南华县医院以后，她也希望家人正常地对待自己，因为自己怀的是第二胎，她认为只要住进医院，就不会有什么大事，让他们尽量少花时间在她身上。

也是巧了，丁伟出生的这天下午，母亲身边居然一个亲人都不在！那天正好碰到五天一遇的街天，奶奶和父亲、姨妈等人都在县城逛街，逛完以后，在街上吃了晚餐，大家兴致都很高。余兴未了，有人提议到电影院看电影，大家就高高兴兴地看了一场《大河奔流》（父亲事后回忆，电影还是上下集），结束时已是晚上 10 点多钟。散场回到家，大家才知道孩子已经出世了，又赶忙跑到医院看望母子。当然，发生这样的事情，大家都没有预料到，包括母亲。上午父亲、奶奶去医院照望时，根本没有要分娩的迹象。午睡后，奶奶、父亲加上姨妈们也一块儿到医院探望母亲，到了下午 3 点，也无任何迹象，于是母亲就告诉家人说："没事，没事。你们去逛街吧，现在一点征兆都没有，你们明天再来吧！"大家想想也是，既是第二胎，又在医院，还没有一点征兆，那就去逛逛街吧。谁知过了一个多小时，丁伟在母亲体内好像知道父亲等人既要逛街，又要看电影，等不及了，嚷嚷着要出来，闹得很厉害。医生急急忙忙把母亲送到产房，当指针指到 17:25 时，丁伟正式登台亮相！丁伟的出生，过程有点像闫永红老师后来描述丁伟五六岁的性格："静如处子，动如脱兔！"这样的做派使得奶奶在之后很长一段时间里后悔不已，说自己对不起儿媳和孙子，不该去逛街看电影，以至于分娩时一个亲人也不在母亲身旁！

1979 年 5 月 16 日对于大多数人来说是一个平凡的日子，在楚雄州的南华县，在云南出生并成长起来的一代围棋国手——丁伟出生在这一天，他就是云南诞生的围棋之子！

丁伟母亲说，丁伟是上帝送给他们家的礼物。怎么回事呢？当时实行计划生育政策，领导干部只能生一个孩子。如果不是领导干部，那么提倡只要一个，如果生二胎，也不处罚。丁伟父亲原来是大姚铜矿的一个矿洞洞长，思想先进，工作得法，不辞辛苦，早出晚归，颇得领导和职工的好评。矿领导经过考察，决定把父亲当作副矿长人选进行培养。但是"天有不测风云"，一次矿难发生，炸药炸伤了父亲，面部、胸部和脚都受了重伤，副矿长是

◆ 1982 年，丁伟一家在楚雄大姚铜矿（左起：丁伟、丁伟的母亲、丁伟的哥哥、丁伟的父亲）

当不上了。之后，单位照顾他让他当了矿工会干部，对他家要二胎就没有进行限制和处罚。正是“失之东隅，收之桑榆”。

丁伟是在大伙去看的电影《大河奔流》放映前出生的，也许冥冥中也暗示了这个孩子会从云南走出去，走出矿山、走出大姚、走出楚雄、走出云南，走入国家队！他的围棋事业就像“大河奔流”一样，一路上犹如江河前行，百转千回，披荆斩棘，勇奔大海；又如逆水前游，不进则退，劈波斩浪，最终克服一切困难，达到大多数围棋职业者终其一生都难以达到的世界一流高度！丁伟后来在围棋上取得的成就，想必也让父亲感到安慰与骄傲吧！云南的大多数围棋爱好者可能也觉得，丁伟的成功应该比父亲当上副矿长或者矿长更重要吧！

◆ 1983 年，丁伟一家在楚雄大姚铜矿（左起：丁伟的母亲、丁伟、丁伟的哥哥、丁伟的父亲）

家世

丁伟父母的祖籍都是江苏淮安。淮安，古名淮阴、清江浦等，至今已有 2200 多年的历史。淮安坐落于古淮河与京杭大运河交汇点，曾是漕运枢纽、盐运要冲，驻有漕运总督府、江南河道总督府。历史上，淮安与扬州、苏州、杭州并称运河沿线的“四大都市”，有“中国运河之都”的美誉，境内有中国第四大淡水湖之一的洪泽湖，历史上经济繁荣，文化昌盛，是苏北重要城市，是国家历史文化名城。淮安地处江苏省长江以北的核心地区，邻江近海，为南下北上的交通要道，区位优势独特，是江苏省的重要交通枢纽，也是长江三角洲北部地区的区域交通枢纽。

淮安人杰地灵，人文荟萃。历史上诞生过大军事家韩信、民族英雄关天培、汉赋大家枚乘、《西游记》作者吴承恩、《老残游记》作者刘鹗等，也是新中国第一任国务院总理周恩来同志的故乡。但说起与围棋有关的人物，清朝时期有一位大家名叫梁魏今，也是淮安人氏。

梁魏今生于康熙时期，成名于雍乾时期。光绪年间棋士兼评论家邓元鏸说：“本朝国弈以梁、程、范、施四大家为最著”，“四家之弈高深远到，突过前贤。”梁与程兰如、范西屏、施襄夏并称“围棋四大家”，他成名较早，棋艺虽算不上最高，但曾胜过徐星友、程兰如，败也仅一、二目之间。他中年之后教过范西屏、施襄夏。范西屏十余岁时，梁曾授以三子，雍正八年，梁在湖州又授先与施襄夏对弈。梁与范、施对弈中，向二人毫不保留地指授棋艺。后来梁与施同游岘山，见流泉荡漾，梁感慨而言“行乎当行，止乎当止”——棋行之道，犹如山泉，施襄夏颇受启发，由是猛进。梁魏今不仅棋艺高超，品行亦高，从不自傲，在云游江浙一带时，结交了许多当地名流，与画家郑板桥就有过一段交往。郑板桥在《板桥集》中有一首《赠梁魏今（国手）》。

闲话少说，言归家世。丁伟的爷爷丁佐之出生在民国时期淮阴（后改名淮安）的一个大户人家，家境殷实，为人厚道，青年时期看到军阀混战，民不聊生，决定入军从戎，荡寇报国，报考了黄埔军校，是黄埔军校 16 期的炮科毕业生。新中国成立前夕，作为国民政府重庆守卫部队的中校团长，审时度势，跟随历史潮流，果断率军起义，进入了人民的阵营。之后率军进入云南，后来在中国人民银行任科长。在重建新中国的过程中，主动要求到地方上去工作，先到楚雄州政府，后来发现在南华县政府更能发挥作用，于是去到南华县政府，作为南华县委、县政府筹建班子

◆兄弟情深（左为丁伟，右为丁伟的哥哥）

的主要成员之一，直到退休。丁伟的奶奶龚文运是湖北荆州人，也是当地的大户人家，颇有家教，知书识礼，她的一个哥哥龚襄平是黄埔军校 7 期步科毕业生，曾担任国民党第 58 军参谋长，被授少将军衔。说句题外话，国民党第 58 军的主要班底还是滇军，当军长时间最长的鲁道源也是云南人，奶奶家这边真是与云南有缘啊！

丁伟的父亲丁汉杰，因为其父当时驻防武汉，他就在那儿出生，所以起名汉杰。父亲共有兄弟姊妹 5 人，他是老大。由于受江苏和湖北老家的影响，家庭素来重视文化，他以及弟弟妹妹都重视文化知识的学习。他的天赋比较好，但遇到“文革”也没办法读下去，只好回淮阴老家作为下乡知青干了 3 年。丁汉杰为人大气豪爽，做事踏实认真，身材魁梧，五官周正，颇有人缘。在他返回云南工作以前，在淮阴经人介绍认识了丁伟的母亲，母亲高中毕业后就被招入江苏省靖江县（今靖江市）卫生局工作。二人经过近五年的恋爱，终于修成正果，于 1976 年成婚，同年大儿子丁勇出生，1979 年丁伟出世，一家人开始了新的生活。

作为将门之后的丁父，似乎遗传了领军的才能。自从 1972 年回到云南在大姚铜矿参加工作开始，就被任命为队长，带领一帮工人兄弟到山西中条山学习当时全国最先进的开矿技术。学成归滇，被上级选入领导梯队进行培养。期间他吃苦耐劳，任劳任怨，看问题高瞻远瞩，如果不是那场意外，当上副矿长是不成问题的。被炸药炸伤后，他强忍着肉体和心灵上的双重剧痛，一面颠簸着到处治疗，一面对妻子封锁消息，不愿让千里之外的妻子担心。因为结婚之后，妻子没有立即调到云南，仍在江苏工作，妻子得知这个消息，已是在半年之后。只有铁打的深情的汉子才能做到痛苦自己扛着，笑容写在脸上！

丁伟的母亲在丈夫受伤的第二年调到云南，在大姚铜矿医院里当一名麻醉师，那可是矿医院非常重要的医疗岗位。母亲之前在江苏工作时被派到上海进行过专门训练，工作十分认真负责，能力强，又干练，为人十分谦虚和低调。因为是矿医院主要负责的麻醉师，四五千人的国营大型企业，职工受伤的情况也时不时发生，重伤员一到医院，马上需要手术，所以母亲是24小时待命。如果是下班时间，医院就用广播呼叫她，让她立即到医院。经常回到家还没喘口气，一听到广播，她又不辞辛劳地赶到医院，任劳任怨。

丁伟出生前两年，父亲受了伤，为了安抚这个汉子，矿领导安排了一个稍稍清闲的工作，让丁汉杰做矿工会的一般工作干部，让他在保证身体好好休养的情况下再尽力组织工会活动，丰富职工的业余生活，让他们能安心地在这个大山里的矿区工作和生活。他果然没有让矿领导失望，在工会领导的大力支持下，他热情工作，想方设法地组织丰富多彩的活动，举办不同类型的比赛，使工会俱乐部成为大家下班后最爱去的地方，整个娱乐大厅在周末人声鼎沸，热闹非凡！棋牌、乒乓球、书法绘画……活动接连不断。

丁伟的哥哥丁勇比丁伟大三岁，因为是丁家的大孙子，爷爷奶奶希望有孙辈陪着他们，所以他在南华出生之后就一直由爷爷奶奶带着，读小学、中学一直都在爷爷奶奶身边。丁勇十分聪明，按照他母亲的说法，丁勇的智商应该比丁伟还高。从小学到中学，他的成绩一直很优秀，身材魁梧，遗传了父亲。哥哥对弟弟十分照顾，知道丁伟喜欢吃多味五香瓜子，经常买给他吃。丁伟在昆明少棋班学棋的时候，是同班同学里年龄和个子最小的一个，丁勇那时在楚雄读书，他听说有人欺负弟弟，非常生气，一直记着这件事，去信告诉弟弟别害怕，到时候哥哥来帮他撑腰。学校一放假，他就赶到昆明，把那个欺负人的孩子叫到操场上好好教训了一番，此后那个孩子老实了很多，替丁伟出了一口气。后来丁伟到北京围棋国少队学棋，兄弟俩经常通信，几乎半个月一封，感情特别深！丁伟在北京国少队学棋的第三年，由于家中经济不是特别宽裕，那年春节，父母亲从楚雄坐汽车到昆明，又转火车，经过将近 50 个小时的车程赶到北京看望近两年没见的小儿子。当时 12 岁的丁伟一见到父母，说的第一句话让母亲一辈子也不会忘怀："你们把我送到这里，快两年了都不管我！为什么不带哥哥来北京呢？！"母亲眼泪都流了下来，可见兄弟感情之深。后来哥哥大学毕业后也来到北京，弟弟尽其所能帮哥哥在北京站稳脚跟。

丁伟就是在这样的家庭里逐渐成长的，在父母亲的言传身教下、哥哥的正面影响下，养成了使命感强、踏实认真、大气大方、谦逊低调、独扛痛苦、逆流而上、坚韧顽强、百折不挠的性格与作风。他在围棋学习的事业上一步步前行，一级级攀登，逐渐锻炼出强大的心理素质，打下了坚实的拼搏基础。

◆七岁的丁伟在昆明

童年

◆ 1984 年夏，丁伟在楚雄大姚铜矿

丁伟满月后父母亲就带着他从南华县爷爷家来到大姚铜矿。他在这样一个拥有四五千人的国营企业的机关大院里开始了他无忧无虑、充满欢乐的童年时代。父母都是矿上职工，哥哥丁勇和爷爷奶奶生活在一块儿，因此家庭条件尚优。丁伟三四岁时就显出聪慧灵光的特质，因为他开朗活泼的性格，端庄周正、眉清目秀的容貌和匀称结实的小身板，单位许多叔叔阿姨看到这个小孩，都会上来逗他玩。

丁伟天性善良而大度。20 世纪 80 年代初，全国的报刊、电视，以及巡回报告团对战斗英雄舍己为国的先进事迹进行了大规模的宣传报道。四五岁的丁伟在电视上看到一个正在作报告且双目失明的英雄（可能是史光柱），就喊道："妈妈，这个人好可怜啊！我可不可以把我的眼睛给他？"妈妈听到后，含着泪水感动地把丁伟搂到怀里。

童年的丁伟懂事较早，活泼而调皮。他在父母亲下班后，为缓解父母的疲劳，表演从电影《少林寺》里学来的醉拳。父母回到家里，爸爸往沙发上一坐，对着他说："阿伟，给爸爸表演一段醉拳。"丁伟立即大声回答："是！"于是在客厅中央开始一招一式地模仿表演，像一个小大人，表情严肃，招式认真，偶尔还会拿着撑衣杆比划，嘴里大声喊着"哈、哈"，把父母和邻居逗得哈哈大笑。在那段辛苦劳累的山区工作阶段，丁伟幼稚而认真的表演，经常是父母亲快乐的来源。

丁伟从小对穿的用的都十分珍惜。据其母亲介绍：丁伟从小到大，从没把家里的热水瓶啊、碗啊、碟啊，甚至是一把调羹碰坏摔烂过。到这年夏天，母亲又给丁伟买了一件白衬衫，他兴高采烈地穿上新衣服和小伙伴出去玩。因为正值雨季，雨停后路上有许多小水坑，有一个小伙伴跑过时踩着小水坑，黄色的小水花就溅到了丁伟的白衬衫上。小丁伟那时相当生气，抓着小孩的胸口，大声叫着："赔我新衣服！赔我新衣服！"母亲听说后赶过来，哄着丁伟说以后再买新的，好不容易才把丁伟劝回家。

另外，丁伟的活泼开朗还表现在以下两个方面。一是在家里时他会自制一个小喇叭，当做电话筒，扮成大人的模样，假装与在南华的爷爷奶奶通电话，居然自问自答自编自言长达二十多分钟，那认真而好笑的模样着实叫人忍俊不禁！另外是一件令父母亲和哥哥印象深刻的事。丁伟即将满 5 岁的那一年春节，母亲给他买了一双新皮鞋，这对他来说可是相当稀奇和珍贵的！因为丁伟出生以来，所穿的衣裤和鞋子，都是哥哥穿过后拿给他的，他一直渴望着自己能有新衣裤新鞋子的一天。所以当他穿上新皮鞋的时候，感到自己的愿望终于实现了，觉得自己是世界上最幸福的人了，就穿着新鞋欣喜地跑出家门，一路欢呼着跑到大院里，碰见任何人——无论是认识的还是不认识的——都提起裤管，指着新鞋，大声地告诉他们："我穿新皮鞋喽！我穿新皮鞋喽！"熟悉的大人中有人跟他打趣："哟！丁伟，不错嘛！穿上新鞋了！那可要好好听爸爸妈妈的话啦，那样才会给你买更多新衣服哩！""好的，我一定听话！"不认识丁伟的人也觉得这小孩比较好玩，也很可爱。

童年的丁伟也是大方而大胆的。他 4 岁多时，父亲出差给丁伟带回了一把带光带响声的玩具冲锋枪，装上电池，到晚间扣动扳机，蓝色的闪光伴着"哒哒哒哒"的脆响，那气势，那骄傲，让许多小伙伴羡慕。丁伟不是小器的孩子，很早他就懂得分享。他把枪拿给小伙伴们玩，可惜小伙伴们边玩边抢，还不到半个小时，枪就掉到地上摔坏了。小伙伴们都吓呆了，糟糕，枪摔坏了怎么办？！如果要赔偿，回家肯定要被父母亲收拾。结果很意外，丁伟不但没有生气，也没有责怪小伙伴。他捡起摔坏的枪，说道："算了，我请爸爸去修一修，你们回家吧。"父母看到摔坏的枪，本来很生气，但听丁伟说了经过，又很欣慰，觉得这个儿子不错，大方又大气。后来丁伟 16 岁拿到中环杯冠军，获得两万多元奖金，拿来请客，二十多天就花个精光。要知道，1995 年的昆明，鸡蛋 5 角钱一个，一碗米线才两三元钱。

说到丁伟的大胆，可把人们吓一跳！也许是受电影《渡江侦察记》的影响，丁伟要模仿让侦查员停车进行检查的那个桥段，这一天，丁伟拿着父亲修过的枪出去玩，哪知道他一时兴奋，居然带着小伙伴们走上公路。他看见一辆货车从远处开过来，竟然跑到路中央，用玩具枪对着货车，叫驾驶员立即停车接受检查，硬生生地把大货车逼停。驾驶员当时非常生气，头伸出车窗，责怪谁家的小孩居然不知挡车的危险？！父母亲知道后既生气又后怕，把丁伟拉回家里，没有进行惩罚，而是严厉而认真地给丁伟讲道理并暂时把枪给没收了。丁伟知道了事情的严重性，自此以后童年阶段没犯过什么大错。今天回想这件事，真担心当时如果驾驶员刹车不及时，那么一代国手的命运将……

二 大姚启蒙与走出楚雄

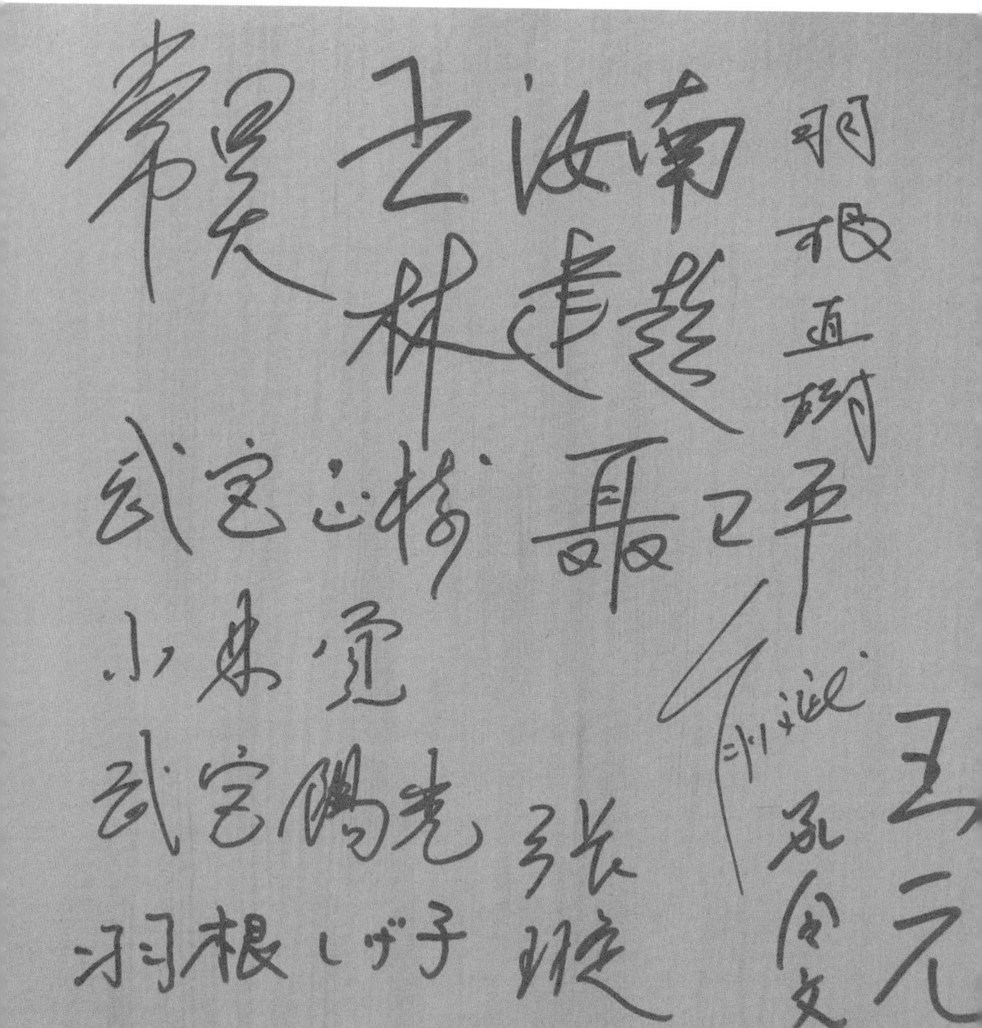
常昊
王汝南
林海峰
羽根直树
武宫正树
聂卫平
小林觉
武宫阳光
张璇
孔令文
王元
羽根しげ子

父亲的第一个决定：教丁伟学围棋

前面提到，丁伟出世前，父亲就因伤转到矿工会工作。上午和下午因为广大职工都在上班，工会的日常工作还不算多，他基本上在每天上午去办公室安排一下就没有多少事了。但是到了晚上，他几乎每天都到矿工俱乐部安排职工活动，一来可以了解职工们主要的兴趣爱好有哪些，哪些活动参与的人数比较多，哪些还需要加大扶持力度；二来看看职工们对工会组织有什么新的要求，是否开辟新的活动项目，是否与各项活动的骨干分子商量举办比赛等等；三来父亲本人也是一个棋牌爱好者，在两棋一牌（在云南下国际象棋的人很少，故只说两棋一牌）的活动中，他的桥牌和象棋水平在矿上是一流的，象棋比赛还拿过冠军，而围棋水平要差一些。无论是作为工会活动的组织者还是参与者，他本人都怀着极大的兴趣，这也是为什么工会活动在他组织与参与下由不温不火而逐渐变得人声鼎沸、热闹非凡的原因。

而丁伟的母亲正好与父亲不同——作为矿医院最主要的麻醉师，工作比较忙，即便下班了回到家里，病人突然送到要做手术，也必须立刻赶回医院。那时的矿上并没有幼儿园，正因如此，丁伟3岁以后，上午起床时父母早已去上班，自己洗漱完，吃完母亲准备的饼干、面包，或者锅里蒸好的馒头等等，在家等不了多久，父亲安排好单位的工作后就提前回家照顾丁伟了；中午，父亲带着丁伟午睡。一些下午轮班休息的职工午睡后会到丁伟家和父亲下棋或者打桥牌。由于母亲下班没有准头，那时又比较落后，没有手机，联系很不方便，做晚饭也难以指望母亲。由于父亲腿脚不方便，母亲就一次性买好两三天的菜，下午 6 点如果母亲还不回来，父亲就弄自己发明的拌饭：先把蔬菜切成一小段一小段，米下锅后等水一开，便把蔬菜放入汤米中，加上一点盐和猪油，盖上盖子继续焖饭。等饭一熟，再煎上两个荷包蛋。有一次丁伟把父亲不同于母亲的煮饭方式告诉了妈妈，还说这样的饭菜真好吃。母亲听了觉得好笑，接着责怪父亲要好好炒菜，保证味道和营养。经常在吃完晚饭后，父亲就带着丁伟到俱乐部去了。

随着铜矿的产量越来越大，冶金厅从全省各地调来的、省外招聘的干部职工也越来越多，外省职工最多时大约占到 20%，棋

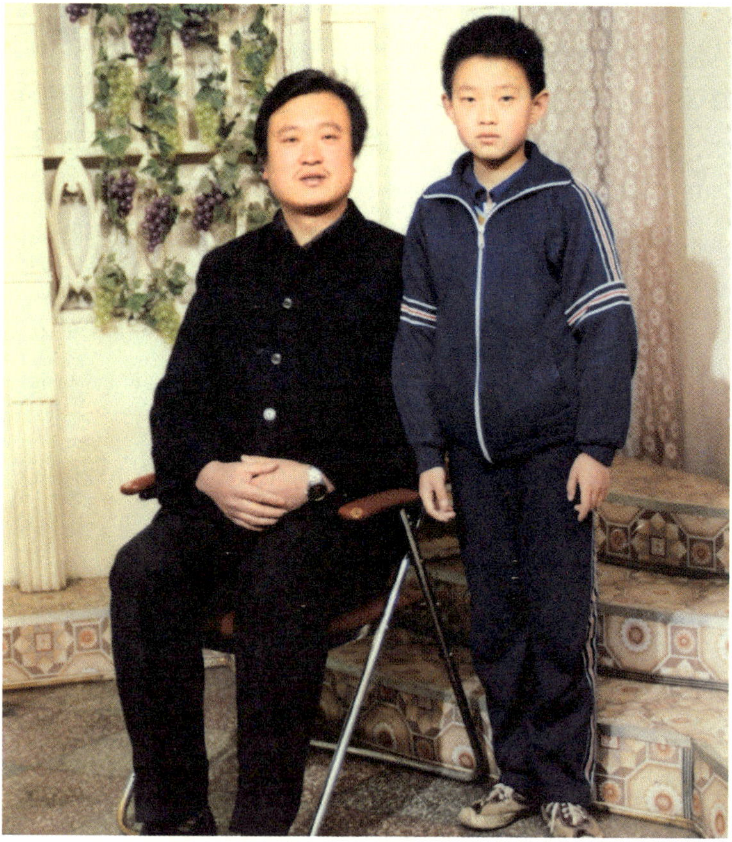

◆ 1986 年，在云南省围棋队时，丁伟与父亲留影（右为丁伟）

牌方面的高手也越来越多。矿领导对工会工作十分重视，大力支持，俱乐部就成为职工们休息时的天堂。尤其到了周末，俱乐部聚集了很多职工，人气十足，热热闹闹，甚至有些职工会下棋或者打桥牌直到天亮。丁伟经常跟着父亲到俱乐部，一开始在俱乐部里东走走，西望望，困了就睡在父亲怀中。但是有两次周末，父亲和棋友或者牌友激战正酣，干脆就把睡着的丁伟放到旁边的棋桌上，盖上外衣就让他那样睡着。母亲深夜一两点手术结束后回到家，发现老丁、小丁都不在，就直接到职工俱乐部找，在一片缭绕的香烟烟雾中，看到自己的小儿子就睡在硬梆梆的桌子上，一时又生气，又心疼，一边嗔怪父亲，一边抱着丁伟回家去了。

从丁伟 1979 年出生到 1984 年满 5 岁的这段时期，中国围棋事业也在逐渐复苏，与当时世界排名第一的围棋强国日本的差距迅速缩小。中国围棋的领军人物聂卫平已经在二十世纪七十年代后期多次打败日本超一流选手如小林光一、加藤正夫等，在国内的围棋比赛中，也包揽了绝大部分冠军，中国围棋界将 1975 年至 1979 年称为“聂卫平时代”。1981 年聂卫平被授予九段。在围棋恢复发展的好形势下，尽管中国围棋的整体水平还不如日本，尽管中国围棋还只是聂卫平一枝独秀，但国人久被压抑的国粹爱好被重新激活，学习围棋的热潮也在神州大地兴起。

父亲学下围棋开始于 1982 年，尽管大姚铜矿处于山区，但那里也是人才荟萃之地。矿区属于云南省规模较大的国营企业，大专学历以上的人比例不小，围棋氛围在云南省也算得上是比较浓厚的。当时下围棋的人加起来有十多个，丁伟的父亲在这些人里面水平只能算中等。丁伟快 5 岁时，父亲正与一些同好痴迷围棋，下象棋和打桥牌的时间逐渐让给了围棋。丁伟跟着父亲到俱乐部以后，也不知不觉发生了一个变化：他不像以前那样东看看西望望，到处走动，心无所属，神无所定，而是逐渐在围棋盘旁边坐了下来，似懂非懂地看着大人们下围棋。起初，父亲也没有注意，

◆ 1989 年，在云南省少棋班时，学校组织出游

过了两三个月，忽然发现 5 岁的丁伟居然能在围棋盘旁边静静地坐着看棋将近一个小时了。父亲就试着问丁伟："你对围棋感兴趣？要不要爸爸教你？"丁伟抬头看着爸爸，认真地点点头。

父亲看到孩子这么认真，于是做了他本人当时还根本意识不到的对丁伟影响巨大的决定：教孩子下围棋。这就是父亲做出的关于丁伟学围棋的第一个决定！

事先没有什么心理准备，学棋的计划也没有制订，但父亲下午有空就开始教丁伟下围棋。哥哥丁勇假期从南华回来，父亲也带着丁勇一块学。但是丁勇平时不在大姚铜矿，因此围棋学习不够系统，又还有假期作业要完成，最后没有对围棋产生像丁伟那么大的兴趣，学棋成绩和进步当然也不能和丁伟相比。父亲那个时候的水平将近业余初段，学过围棋的人都知道，棋瘾最大的时候就是在业余初段的时候。为了提高围棋爱好者的水平，工会订了当时全国发行的主要围棋刊物《围棋》，还购买了一些围棋书籍，如成都发行的《围棋资料》《围棋初级读物》《围棋妙手问答》，人民体育出版社的《中日围棋对局精选》。另外还有日本著名棋手的一些著作，如坂田荣男的《围棋治孤法》、关山利夫的《围棋死活集锦》等。这些书籍到了矿上，立刻成为一批围棋痴迷者的“饕餮大餐”，后来矿上的围棋爱好者达到30多人，无论数量和质量都达到当时楚雄州的最高水平，同时也对楚雄州的围棋普及发挥了较大作用。

起初丁伟还有一些兴趣，但毕竟是5岁的孩子，不容易长时间地集中注意力，而父亲以前也没有教棋的经验，在讲完死活原理后，进入定式讲解，父亲也是边学边讲，丁伟就坐不住了。父亲为了提高丁伟的学棋效率，专门制订了奖励制度：只要赢了爸爸一盘，就奖励2角钱。这个制度一出台，对丁伟可是极大的激励，因为丁伟5岁时最喜欢吃两样东西：多味瓜子和冰棍。有了2角钱，这些愿望都可以得到满足。于是下棋的劲头可大了！今天，在父母家里，还能看到丁伟那时候的赢棋记账本，上面有丁伟写的“某年某月某日赢一盘，得0.2元”。父亲为了让丁伟长期保持学围棋的兴趣，也经常有意输给他，丁伟也经常吃到多味瓜子，养成了喜欢嗑瓜子的习惯，直到成年了也依然保持着这个习惯。可见，为了培养出一个杰出的棋手，父亲可真费了心思！许多围棋高手最终能成为国手，与拥有一个喜爱国粹围棋的父亲不无关系，如吴清源、聂卫平、邱峻等，也包括当今世界围棋第一人的韩国棋手李世石。

丁伟学棋比较专注，再加上天资聪颖，经过一年多的时间，进步较快，水平逐渐超过了父亲，那么，接下来该怎么办呢？

父亲的第二个决定：高手调教，走出大姚

父亲既然不是丁伟的对手了，下一步该怎么办？

时光的列车行驶到1985年的8月，这个时间在中国围棋史上是让国人难受郁闷的，因为此时正值第一届中日围棋擂台赛的关键时期。从1984年10月开始的擂台赛，聚集了许许多多国人的目光。比赛初期，中国队出场的两名选手就取得了5:1的佳绩，但从1985年3月11日到8月2日，日本的“超一流”棋手小林光一却连胜中国六员大将，比分变成7:5，中国八名选手除了主将聂卫平以外，其他七名已被打败，日方还有三名强大的“超一流”棋手。在这种气氛下，国人感到十分沮丧，中日之间的整体水平还存在不小的差距。

学了一年的围棋，丁伟也六岁多了，父母亲觉得丁伟也该去上小学了。于是在丁伟满六岁三个多月后的8月底，父亲带着丁伟去小学报名，但是因为年龄还小，未到适龄阶段，学校没有接收。父亲比较生气，觉得自己的孩子读小学的天资和能力都应该没问题的，居然遭到学校的拒收。父亲回到家里气还没消，和母亲一商量，接着又做了一个新的决定：既然学校不接收，那就继续让丁伟学围棋吧，而且一定要请高手来教。

这个决定，对丁伟最终走上围棋的职业道路起到了关键性的作用！

也是巧了！正在丁伟父母纠结丁伟的下一步如何走时，8月27日，聂卫平取得了绝地反击的第一胜，阻断了小林光一连胜的战绩，接着乘胜追击，接连战胜了加藤正夫和藤泽秀行，极为

不易地取得了首届擂台赛的最终胜利。聂卫平因此成为英雄，和当时大长民族志气的中国女排一样极大地鼓舞着中国人屹立于世界！中国围棋积弱不振的局面开始逐渐改变，同时也带来了国人学习围棋的一个新高潮！

父亲经过认真思考，决定请矿上围棋水平最高的铜矿中学的语文老师闫永红来给丁伟当围棋老师。闫永红老师大学就读于昆明冶金专科学校中文班，大学时对中国传统文化产生了浓厚兴趣，知道围棋是中国的国粹，是古代的四艺之一。1982 年毕业后被分配到大姚铜矿工作，刚工作不久，就进入矿上围棋爱好者行列，很快就入门，从此对围棋的喜爱就一发而不可收拾，似乎命中早就与围棋结缘，只是一直没有机会直接面晤，一旦结识，即成为终生密友，难解难分。在完成教学任务之后，闫老师几乎把大部

◆ 1986 年，参加楚雄州围棋赛的南华队合影纪念（前排左一为丁伟）

分业余时间都投入到围棋技战术的研究与实战之中。由于当时也没有今天看来很普遍的电视、手机等消遣方式，学围棋又是一种优雅而又高大上的爱好，因此成为工会大力支持的活动和不少年轻人的重要选择。

闫老师悟性很高，又用功钻研，学棋一年多就到了痴迷的程度，每个月都要购买围棋书籍，算下来那笔开支也不小，相当于自己月收入的 20%，因此棋艺长进很快。他从 1982 年开始学棋，三年过后在矿上就独占鳌头，无人能敌，成为矿上名副其实的围棋第一人！由于丁伟父亲常常组织各类比赛，也大力推广围棋学习和比赛活动，闫老师作为骨干分子，常常协助父亲的工作，彼此非常熟悉，关系也十分融洽。同时闫老师也了解丁伟，知道这是一个天资聪颖、活泼机敏的孩子。当丁父把想请闫老师做丁伟的围棋老师的想法告诉闫老师时，闫老师毫不犹豫地答应了。

闫老师当时的水平也达到了他的顶峰，相当于业余 5 段，这在楚雄州的围棋界是凤毛麟角。闫老师回忆自己学习围棋的过程，说要感谢丁汉杰，因为他在矿工会工作期间尽职尽责，订购围棋图书、期刊，组织矿内部每年不少于两次的围棋比赛，平时还组织不同形式的学习和普及活动，合理运用周末时间，把矿上职工的业余生活搞得有声有色，在这方面，丁汉杰的贡献很大！说得没错。其实，说到楚雄州围棋的推广和普及，闫老师也是功不可没。闫老师在丁伟离开大姚铜矿后，在办学条件十分艰苦的情况下，还在矿上学校办了四五期围棋训练班。他自制棋盘，画出图形后，请学校的木匠做出来，就这样带出了一大批学棋的孩子，其中还有人获得过云南省少年围棋赛的冠军。当时大姚铜矿的围棋水平代表了楚雄州的最高水平，甚至于在当时，楚雄州的青少年围棋水平，在云南省都有一定影响。正是因为有着丁汉杰和闫永红老师这样一批人，才使得围棋这门国粹能不断在祖国的西南地区——云南楚雄发芽、开花、结果。

◆ 1988 年，丁伟第一次到北京参加全国段位赛，期间第一次遇见俞斌老师

闫老师教丁伟学棋，主要从四个方面进行：第一是学习定式，第二是学习布局，第三是学习手筋，第四是学习收官。面授时间主要安排在下午 16:00 到 17:30，只要闫老师没有特殊安排，都会辅导丁伟学棋，前后断断续续加起来近两年时间。丁伟在跟着闫老师学棋期间比较听话，交给他的任务基本上能踏踏实实完成。丁伟作为一个五六岁的孩子，学棋和非学棋的时间体现了两种性格和表现：学棋时比较刻苦用心，悟性也比较高，也算得上勤奋，心也静得下来；在非学棋时期，就显现出了淘气、顽皮的一面，而且比较突出，可以用一句话来概括："静如处子，动如脱兔"。六岁的丁伟在学习定式时，对其中的作用和意义不太理解，闫老师和丁父就告诉他：你可以先不去理解，只要背下来，以后就管用了。丁伟在背的过程中会在棋盘上打谱，因为这样更直观、形象，更有助于记忆。有一次中午，父母都不在家，丁伟也没有睡午觉就开始打谱，小手拿着棋子不断打在棋盘上，接连发出"砰、砰"的声音，因为当时的楼房都是用预制板建造的，不太隔音，楼上的邻居睡午觉时就总听到"砰、砰"的声音，等到她起床后就来

敲丁伟家的门，问："丁伟啊，你家是不是有老鼠啊？我总听到老鼠在啃木头的声音。"丁伟有点奇怪，不过很快反应过来，说："阿姨，没有老鼠，是我在下棋。""你一个人下棋？""是的，我在打谱。"后来邻居把这件事告诉了丁伟母亲，丁母也告诉她家里是没有老鼠的，就是丁伟在打谱。

闫老师现在还记得，丁伟刚来学棋时，是从让九子开始的，到丁伟离开大姚铜矿时，只能让三子了，估计达到了当时业余3段的水平。

丁伟的父亲看到孩子取得较大进步，感到欣慰，同时也想检验一下孩子在矿区外是一个什么样的水平。每当他到楚雄市和昆明市出差，都要带着丁伟见见世面，与当地的棋手过过招，当然更多的棋手集中在省城昆明。父亲带丁伟到昆明后，都会直接来到昆明市工人文化宫，因为这里是全省的业余棋手聚集地。但父子俩不经常来，几乎不认识人，因此要让一个成年人与一个小孩下棋，绝大多数棋手都不愿意！但又不能到昆明白跑一趟，要知道，1985、1986年从大姚铜矿到昆明，那可是要两天时间才到得了的。父亲想了一个办法，那就是让丁伟站在棋盘旁边，也不再顾忌"观棋不语"的原则，要丁伟不断指出双方下得差的地方。丁伟当时是初生牛犊胆子也大，再加上爸爸做后盾，就在棋盘边指指点点、说三道四，最后逼得下棋的人说："你这个娃娃，在旁边叽叽喳喳，指三道四的，有本事你就上来，看我怎么教训你！"就是这样，丁伟在昆明也得到了很多训练，父子二人也经常复盘总结，棋艺得到进一步提高。

丁伟在闫老师的训练下，又不断到楚雄市、昆明市对阵学习，他的棋艺已经达到一定高度，在全省，甚至在全国同龄人中也进入了佼佼者的行列！不久之后，丁伟在比赛中的惊人表现引起了省围棋队领队和教练的注意。

父亲的第三个决定：让丁伟以后靠围棋谋生

1986 年 9 月 2 日，云南省第七届运动会在曲靖体育场隆重开幕，这是十一届三中全会以来全省规模最大、项目最多的综合性体育运动会，棋类比赛也列入其中，参加围棋比赛的队员达到 26 名，丁伟是所有棋手（包括 44 名中国象棋选手）中年龄最小的一个。

当时丁伟是作为楚雄州围棋代表队的选手参赛的，每个州市的代表队由三名选手组成，由州体育局在全州范围内进行选拔。因为大姚铜矿的围棋水平是楚雄州最高的，丁伟又通过自己的努力打败其他选手而进入了楚雄州前三名，当时并没有年龄限制，自然成为楚雄州的围棋代表队成员之一。按理说，丁伟应该参加少年组的比赛，但是当时的省运会没有这样的组别，就直接参加青少年组的比赛。闫永红老师当时以教练的身份带着三名队员到曲靖参赛。

丁伟当时年龄七岁多，还没有读小学，个子也比较小，脸上还有浓浓的稚气，但他大方而勇敢，初生牛犊不怕虎，在围棋比赛上敢打敢拼，加上思维敏捷，又经过认真训练，因此在省运会这样的大场合也毫不怯战，在四局比赛中就有两局杀掉对方的“大龙”，尤其是第四局的比赛，引起了很大的轰动。

丁伟第二局取胜，就是靠杀“大龙”赢得的。人们进入赛场观战，本来就觉得这个小孩有点新奇，个子那么小，坐到凳子上脚都够不着地，可能棋艺也不会很好吧！可是丁伟居然打败了年龄比自己大的选手，让观众刮目相看。尤其是第四局，对手是一

◆ 1988 年，参加在北京举行的全国“首钢杯”段位赛期间，抽空与梁雪冬、鲁宏辉一起游玩天坛公园（中间为丁伟）

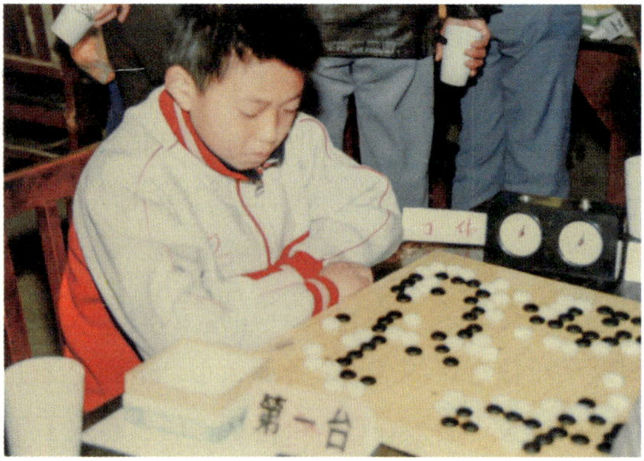

◆ 1991 年 12 岁时，在北京全国少儿围棋赛赛场，比赛中

名比自己大了约10岁的东川队的选手，丁伟开局下得很主动，布局领先，总体上有一定优势，在对方打入后及时把握战机，紧紧追杀，从自己的棋盘这边一直追到对方的那边，最终围歼了对方近30子。由于年纪小，又追杀得很精彩，大家都在打听：这个厉害的小孩是哪个队的？小小年纪可不得了！后来听说是楚雄队的，都感慨："这个楚雄的小娃娃以后前途不可限量！"

一般来说，在重大比赛中被吃掉二三十子，局面基本上是无法挽回了，但对手颇有韧性，具备强大的承受力，调整心态继续下棋。而丁伟在后盘不愿再发生变故，因此下得比较保守避让，对方使用了许多强硬甚至无理的手段，丁伟都没有及时反击，局面在慢慢发生变化，丁伟的优势在一点点失去，到最后丁伟反而输了两目半。到了终局裁判计算棋子宣布这个结果时，七岁的丁伟突然懵了，都不太相信这个结果，等到他发现事实确实如此时，难过得在棋桌上哭了起来。看到丁伟这样，闫老师虽然也很为自己的弟子惋惜，但也只好安慰他："没有事！没有事！你还小，下次好好去赢！"围观的人也唏嘘不已，为他感到惋惜。这段故事在当时的《春城晚报》上以《会吃"大龙"的孩子——记七岁围棋小弈手丁伟》一文进行了报道，算是丁伟首次在公众面前登台亮相。

看到这一幕的，除了围棋爱好者和运动员以外，还有云南省围棋队的陆军教练，当时已经是专业六段，是云南省围棋队专业段位最高的教练。他也是听到别人谈到楚雄的这个小孩，才专门过来看一下。这一看，就基本确定了丁伟以后人生行走的方向。他仔细观看了这局比赛，虽然孩子的水平还不算多高，但看到孩子长得可爱，五官周正，比较灵光，觉得孩子身上有一种江浙人的灵气。一打听，知道孩子的父母都是江苏人，孩子才七岁，感觉可塑性很强，是一个可造之才，于是就找到省围棋队的周林书领队，商量是否把孩子招收到省围棋队少儿班进行正规训练。

周领队听说后也在第二天过来认真观察了丁伟，十分认可陆军教练的看法，于是二人又专门征求了丁伟父亲的意见。父亲在这个关键时刻做出了一般家长难以做出的决定：让丁伟走职业化的道路，以后靠围棋谋生。

要知道，在20世纪80年代，经济不像现在这么发达，家庭条件也远不如现在这么富裕，淘生活的机会比现在少得多，大多数家长还是希望孩子去正常读书，高考后找一份稳定的工作，因此，让丁伟走职业化道路是要冒一定风险的，况且还不知道丁伟将来在这条路上到底能走多远。相信大多数家长都不愿冒这个风险。但丁父相信自己的判断，相信自己的孩子，做出了后来被证明是英明的抉择。

围棋比赛结束时，26名参赛者中丁伟第十名，属于中上水平。在运动会结束前，周领队和陆军教练就找到省体育局的领导提出他们的想法，领导经过了解后提出了三个很关键的问题：“孩子的生活能自理吗？谁来照顾他？出了问题谁负责？”承诺只要周领队解决这三个问题，那么省体育局就接收丁伟，否则，就先奖励一副棋盘和棋子，让丁伟回到楚雄继续练习，等以后长大一些再招到队里。领导出于对丁伟的关心，考虑得比较周全，确实是必须要解决的问题呀！丁父希望孩子进省体育局少年围棋班的愿望能实现吗？

三 在云南省少年围棋队的日子

领导的悉心安排

大家为如何安排丁伟而大伤脑筋，一时也不知该怎么办。不是大家不愿做，而是每个人都有自己的难处。周领队管着众多的棋手，日常开展教练的选定、不同级别棋队的训练、各种比赛的选手选拔等工作，更重要的棋队还要自己出去拉赞助，而这事又主要落到领队身上；陆军教练成家不久，住宿问题还没有稳妥地解决，还要负责其他云南围棋队队员的辅导培训；丁伟的父亲脚伤是永久性的，只能保证自己照顾好自己，根本无暇顾及；丁伟的母亲不仅在矿医院上班，还得照顾家里的老人、丈夫和处理家里的杂事，不能长期去照顾丁伟。正在大家苦于找不到办法时，一个在当时最合适的人选进入了陆军教练的眼中，那就是丁伟的恩师——代心泉教练。代心泉老师听说了这个情况后，同意将丁伟接到自己家中照顾并负责训练，彻底解决了众人的后顾之忧。

省体育局领导得知这些问题都得到落实后，非常欣慰，立即同意办理丁伟正式招入省体工队少棋班的手续，两年后丁伟转正，这时他刚满七岁半，领到他人生的第一份月薪。据他母亲回忆，月薪总额与她一样，高达 70 元，扣除各种保险等费用，拿到手的当然少一些。丁伟后来也清楚地记得他第一次领工资是多么的兴奋，第一次领到了 52.20 元，可以给家里、老师和自己解决多少经济上的问题呀！这是体育局领导对丁伟非常大的支持！

在丁伟成长的道路上，特别是进入国家少年围棋队之前，一直是云南省体育局出经费培养他。陆军教练说道：“丁伟的基础是在云南打下的，他是云南精心培养出来的，他所取得的成绩，离不开各级领导的关心、支持和帮助！”的确如此，比如时任云南省副省长的陈立英、云南大学前党委书记林亮、当时的省体委主任倪汝杰、领队周林书等等。丁汉杰父子对帮助过他们的各级领导和朋友也一直心怀感激。陈立英副省长当时负责体育发展方面的事，她一直比较关心云南围棋运动的发展情况，鼓励和支持棋队的发展，退休之后也如此。就在 2013 年，陆军教练到怒江州碰到陈老时，她还问起丁伟的情况呢。后来的纪委书记辛维光在云南工作时对推动云南围棋的发展也曾起到很大的作用。

二十世纪七八十年代，对云南省的围棋运动推动力度最大，具体工作做得最多，影响更广的是林亮同志。

林亮同志是一名红军老干部，河南省商城县南溪乡（今属安徽省金寨县）人，1937 年毕业于清华大学，同年 10 月加入中国共产党。新中国成立后主要在云南工作，在个旧市、红河州委、省轻工业厅、云南大学都担任过领导，1982 年离休。林亮同志在年幼时就下围棋和练书法，曾在新四军当过师政治部秘书、某团政委。陈毅元帅因为喜欢下围棋，也对林亮同志比较熟悉。陈老总在担任外交部长进行国事访问时，不止一次经过昆明，一到昆明，就要林亮同志陪同下围棋，并关心云南的围棋发展情况，要求林亮同志多花精力促进云南围棋事业的发展。林亮同志对围棋有深刻的理解，对这门国粹所蕴含的深刻的哲理、世界观、人生观、价值观等都有相应的认识，他是发自内心喜欢围棋运动，在云南各地工作时也极力推动，曾和陈老总一块儿促成国家围棋队来云南指导和推广围棋运动。国家队的陈祖德、王汝南、华以刚等人，与林亮同志也比较熟悉，由于林亮同志对云南围棋运动推广的贡献，他曾被选为中国围棋协会副主席，这是对云南围棋运动发展的一个很大的肯定和支持。

丁伟参加省七运会时，林亮同志担任省围棋协会名誉主席，还长期担任云南围棋协会顾问。他从周领队和陆教练那里也听了二人关于丁伟一事的汇报，提出见见丁伟，结果一看见就心生欢喜，还与丁伟下了一盘棋，丁父当时也在场。七岁的丁伟也不知道眼前这位七十多岁老人的地位，赢了林老以后，居然还问老人："这盘你输了，要不要再下一盘呢？"引得林老笑起来，回答说："今天就不下了，还得忙你的事呢！"丁伟当时不知道大人们在忙什么。

当时把丁伟招到省围棋队，没有先例，加之他年纪太小，生活不能自理，父母又不能陪伴，安全是个大问题。但人才又相当难得，林亮同志也找到陈立英副省长谈丁伟的事，请陈副省长进行协调，陈副省长也做了相应的工作。林老最后听了代心泉老师的表态，事情终于有了着落，他才放心。事情办妥之后，他交代代老师、周领队、陆教练，要用心培养丁伟这个颇有灵气的孩子，争取让他在将来的棋坛上为云南争光！为中国增辉！

林老于 1994 年逝世，享年 80 周岁，周领队闻讯感慨："像林老这样关心云南围棋事业发展的省级领导比较难得，如果再晚几年去世，云南的围棋事业会发展得更好！"

把丁伟招入省围棋队，周林书领队也起到了相当重要的作用，

◆ 1994 年，林亮邀请南滇棋杰段嵘、邱继红、丁伟到家里做客，并合影留念（左二为丁伟）

他听了陆军教练的建议并拍板决定要人，之后也一直想办法解决现实问题。说到云南省围棋队的发展、壮大，并取得历史上的辉煌成就，周领队是无法绕过去的一个功臣。他较早在国防体协工作，后来到省体委军体局主持训练工作，在训练部队的几年光阴里，他逐渐形成了一些军人的性格和作风，干练、果断、硬气，不轻言放弃。到1984年，他出任省棋队领队，兼任省体委棋艺辅导站站长和省围棋协会常务副主席，为我省围棋事业的推广和发展做了许多实事。他的贡献主要体现在四个方面：一是选拔并稳定了教练队伍，使陆军、杜维新等人安心工作；二是注重发掘青少年棋手，培养后备力量，如段嵘、丁伟、王垚等人；三是在1988年棋队的比赛经费被取消以后，克服困难，多方奔走，担起了募集经费的重担；四是想方设法解决教练和队员的后顾之忧，尽力在住宿、训练和比赛经费上减轻他们的负担。在他担任领队的时期，开创了当时的全国先例，即引进外援，如刘昌赫。他的辛勤工作使云南省围棋队取得了建国以来比较突出的团体比赛的佳绩，如1988年获全国团体赛第四名，1994年获全国第五名。周领队不仅有武功，还有文治，他和别人合作出了一本总结云南古今围棋发展的简要历史书册，即《云南围棋史话》，为人们进一步了解围棋在云南发展的历史、重要的围棋人物及其轶事提供了比较重要的资料。

周领队长期奔走，为棋队募集的经费达数百万之巨。为什么他能募集那么多？别人为什么会相信他，会将数十万拿给他的棋队？可能这就是他个人的能力和魅力吧！他还清楚地记得：在第一次没有了比赛经费的情况下让棋队去参加1999年的全国第一届甲级联赛是非常困难的，如果缺席比赛，棋界的人可能就认为云南的围棋运动前途暗淡了。怎样募集经费是他以前从来没有考虑过，那可把他愁死了。经过几天的苦思冥想，他找许多同事与朋友商量，终于想出一个办法——通过媒体的朋友，在《春城晚报》上登了一则新闻，描述了省围棋队当时所面临的困境，然后又历尽艰辛找到省政府办公厅的同志，拜托他们把这份晚报放到当时的省长的办公桌上，在省长上班的时候，能一眼看到！这个办法还果然奏效，省长看到标题之后，就浏览了具体内容，觉得这个问题是应该解决的。于是周领队就接到省政府办公厅的电话，问了省围棋队的具体情况，并了解到参加这次比赛及近期棋队的发展大约需要经费的数目。周领队汇报之后，没多久就收到了三家单位筹集来的45万元，终于解决了棋队的燃眉之急，并为后来几个月的训练和比赛提供了有力的经费保障。

在推选少年棋手去参加全国青少年围棋赛的时候，周领队坚持推选品学兼优的选手去北京参赛。他曾经狠狠批评在省队少棋班里调皮捣蛋、经常仗大欺小的队员，有泼脏水在别人床上的，有拿着小刀恐吓人的，这些队员坚决不选派出去，任凭家长甚至副省级的领导说情也没有动摇，确实体现出了一个军人的风格。

“棋圣”聂卫平来到云南参加围棋活动，了解到周领队的所作所为和具体贡献，也夸奖周领队是全国他所了解的围棋干部中比较成功的一位。

在丁伟进了省队少年围棋班（简称少棋班）以后，周领队也一直关心和关注丁伟的成长。他说他最看中丁伟两个方面：一是有一定天分，也比较努力；二是人品不错，老实而踏实，又尊敬师长。他说他为丁伟的成长感到欣慰，看到丁伟拿到全国冠军、世界团体冠军，觉得当初的选择没有错。

恩师代心泉

在大家的一致努力下，丁伟最终顺利地进入省体育局少棋班，应该说伯乐是陆教练，拍板的是周领队，运筹帷幄的是林老，而最终解决实际问题的是代心泉老师。

无论时光过去了多少年，只要一提起代老师，丁伟都是满怀感恩之心，感叹自己的人生旅途中能遇到代老师，是多么大的福气和运气！如果没有代老师，都不敢想象自己是否还有机会成为一个专业棋手，更遑论能到世界一流的围棋棋院学习，能成为全国冠军，还能与世界一流的棋手手谈。因此，丁伟一直称代心泉老师为恩师。代老过世后，他于2010年在北京办过一个围棋道场，取的名字就叫“心泉围棋道场”，表达对代心泉老师的感激和纪念。

代心泉老师生于1925年，祖籍为江苏南京。1942年开始下围棋，进步较快，很受当时昆明棋界高手赏识。后来考入西南联合大学，还没有毕业抗日战争就胜利结束，西南联大解散了。清华、北大、南开相继北还，代老师一时无书可读，就经常独自一人到福照街北段（今五一路与武成路交叉口一带）与别人下棋，回家以后自己潜心研究，颇有造诣。后来进入电灯公司工作，不久加入了地下党，参加革命工作，离开昆明多年未下棋。1953年他回到昆明，被安排到昆明机床厂工作，由于他比较特殊的经历和较高的文化水平，后来又被任命为昆明市市政公司工读学校的校长。代老师的妻子姚凤英是呈贡县（今呈贡区）江尾村人，也曾经加入地下党，长期在昆明市第一建筑公司工作，还担任过公司的工会主席。

◆ 2007 年 12 月，丁伟（右）回昆明探望代心泉老师

代老师在调入云南省棋站以前，在业余时间与昆明棋界的各大高手经常切磋，常常棋客盈门，他的棋艺也越来越精，二十世纪五六十年代在云南围棋界影响较大，在云南人民出版社出版的《老昆明》一书中他被誉为“小国手”。1959 年作为云南围棋队的选手参加全国首届运动会的围棋比赛。1975 年被借调到省体委担任围棋教练，带领云南围棋队参加第三届全国运动会。代老师曾经在云南省的围棋比赛上荣获冠军，因此有云南业余“棋王”之称，陈祖德来云南进行交流与指导时就和代老师下了不止一盘棋。由于当时他在云南棋界的威望，于 1981 年被省体委调入云南省棋站。之后，55 岁的他焕发青春，不辞辛劳，以苦为乐，专心教学。先后在棋队领导曹杰、周林书的组织下，正式开办了少棋班（属半专业）和多期少儿业余训练班。他根据孩子不同年龄阶段的身体与心理发育特点，制订了科学的围棋教学计划，严谨治学，对学生严格认真，先后培养了陈明川七段、邱继红五段、段嵘七段、丁伟九段、王垚六段、梁雪冬、屈勇等 30 多名棋手，另外还挑选并推荐了一大批棋手到北京、上海集训，如许鸿霖、孔祥宏、范九龄、欧阳虹、王凡颖、杜维新、秦保平、蒋超、张忠璞等等。1985 年后，受聘为昆明市少年宫围棋教师，通过十多年的围棋教育，结业学生达一千多人，在云南省业余围棋升段赛中，取得 2 段至 5 段的有二百余人。代老师兢兢业业、诲人不倦，对推广普及围棋艺术，提高云南的围棋水平，具有重要意义！由此可说，代老师完全称得上是云南围棋人才培养的一代宗师！

代心泉老师善于发现围棋人才，又十分爱惜人才，更是一丝不苟地培养人才。当七岁的丁伟进入省少棋班遇到困难的时候，代老师已经过了花甲之年。周林书领队和陆军教练找到他，希望他能迎难而上、勇挑重担，他在看到丁伟的棋力和灵气以后，惜才之心顿生，答应由他来负责训练丁伟并把丁伟安置在家里来照顾他的生活，并兼管少棋班的训练工作。后来代老师勤勤恳恳，踏实严谨，不辞辛劳，最多时管理着20多个少年，为云南培养了一大批围棋人才，不负众望。

林亮在听到代老师答应照顾并训练丁伟的消息后，非常高兴，敦促周领队尽快办理相关手续，让丁伟父母立刻打点行装，尽早出发。林老也担心夜长梦多，缓则生变，同时，也希望省棋站能好好把丁伟培养出来。在丁伟办理入职手续的同时，代老师也在积极做好迎接丁伟的准备。

代老师家住在东庄，地理位置大约在延安医院的背后，离省体育馆（拓东体育馆）的北门（东风东路上）不远，正常行走大约10分钟。当时代老师的住宅是两室两厅，除了老伴以外，膝下有三个子女，老大代侠是个儿子，在昆明链条厂工作，周末回家小住；两个妹妹代康、代文还在读中学。家里本来就比较拥挤，但代老师还是说服了家人，给丁伟腾出一间房屋。但如何腾房、如何安排还需要一定时日，比如代侠周末不能再住家里，当天来，当天回厂，所以代侠的行李要全部搬走，代侠还得向厂领导申请房屋，一来二去就过了两个多月；之后接着安排购买两姐妹的高低床、丁伟的床和课桌等等，因为家里布局大动了，孩子们会有一个稍长一点的适应期，二老为了不耽误两个女孩的学习，就等到期末考试后再让丁伟搬入。等全部安排妥当，时间也过了三个多月。

丁伟迅速来到昆明后，房子还没有完全腾出来，有三个多月的时间他是寄住在吴井桥大姚铜矿驻昆办，由当时驻昆办的一个小伙子桂锡明来照顾丁伟的生活。丁父丁母谈起这段经历，也说要感谢桂锡明——他本身就是一个单身小伙子，每天还骑着自行车接送丁伟，从吴井桥到古幢小学，到省体育馆棋站，下午又接丁伟回来，也不理会别人说闲话。有一次早上，他送丁伟去体育馆的路上，因为自行车道特别拥挤，后边有一辆自行车骑得很快，结果撞到了桂锡明的自行车。桂锡明和丁伟猝不及防，车立刻翻在地上，但那人只说了一句对不起，又赶路走了。丁伟摔倒在地时，膝关节受伤并出血，桂锡明就带着丁伟去包扎，然后送到体育馆。等他回到单位上班时，比平时迟到了四十多分钟，正好遇到一个刚刚从下边铜矿上来办事的领导，他还以为他是彻夜未归，在外边游荡呢，不分青红皂白狠狠批评了他一顿，直到其他的工作人员解释后，领导才知道桂锡明之前在做好事呢，于是就道歉并表扬了他。

丁伟自从住进代老师家里后，开始了比以前正规的学习生活。上午到古幢小学读书，主要学习语文和数学；下午就在棋站进行围棋训练，出发前代老师就参考一些围棋训练书籍，如棋站订购的《棋道》《围棋》等等，拟好了丁伟当天要完成的任务，要么做死活题，要么背定式，要么看布局等等。直到今天，丁父都还记得代老师每天对丁伟的训练都专门做好计划，真正做到了一丝不苟脚踏实地。检查经常是在代老师晚上洗脚的时候，拿出布置的作业进行检查，如果答错了，戒尺是要跟上的。丁伟也记得，那时在下午的围棋对练中自己下棋速度非常快，一盘棋自己用时经常不到10分钟就结束了，代老师交代了多次，要求他能慎重思考，但他当时很难改过来。因为这点，他下午经常被惩罚：无论天热天冷，必须到运动场跑五圈。到了后来，丁伟进入状态后，自然慢了下来。除了教棋以外，代老师也教导丁伟如何做人，培养他谦虚、低调、诚实、正直、稳重、好学、守纪的品行。陆军教练说："丁伟后来之所以能取得大的成就，无论棋艺的进步或者品行的教育，代老师的功劳都特别大，是他为丁伟打下了坚实的基础！"

代老师的妻子姚凤英，主要承担了两方面的事务：一是负责照顾丁伟的生活；二是负责督促丁伟的小学文化学习。生活上包括了方方面面，极其琐碎；对于小学的文化学习，她每天也要督促丁伟完成学校布置的作业，不会做的还要安排女儿们来辅导。到了期末去参加家长会，听听老师对丁伟的评价，如果丁伟受到批评，她还低头向老师说抱歉。

就这样，1987 年 1 月到 1988 年 3 月，丁伟在代老师家住了一年多。这一年多的日子养成了丁伟文化学习和围棋训练的良好习惯，给他以后长期的围棋学习以及如何做人带来了深远的影响。

丁伟今天想起来，还感叹代老师一家当时是多么不容易，在那样艰难的条件下，自己家人都过得比较辛苦，还接纳一个素不相识的小孩子，全面照管，想想就让人感动！丁伟走出云南以后，只要他过春节回到云南，就一定要到代老师家探望二老。代老师于 2009 年逝世，享年 84 岁，当丁伟听到这个消息时，万分难过，但因有比赛不能回滇，专门寄来了一笔数目不小的慰问金。王明霞老师等棋界人士也都给了慰问金，但他们知道，丁伟寄来的慰问金应该是其他人的十倍、二十倍以上。

快速长进：陆军教练的指导

陆军教练是湖南省长沙市人，生于1956年。笔者在与陆军教练交往的过程中，切身感受到陆军教练为人和善、诚恳谦虚的人品和大方得体、全面周到的谈吐。陆教练天资聪颖，早在7岁时就从弈，曾得到湘籍国手郑定远先生教诲，后师从梁鹤年六段。由于得到名师指点，再加上陆教练的专心研习，棋艺进步较大。陆教练10岁时，正碰上席卷全国的“文化大革命”，但他心无旁骛，终日孜孜研习名家棋谱，棋艺在当时的湖南省青少年中已经名列前茅，并在1973年的湖南省围棋赛中夺得冠军。

1979年，陆军随梁鹤年赴滇，加入云南围棋队。曾与队友一道在1981、1988、1994年全国围棋团体赛分别获得第6名、第4名、第5名的较好成绩。1982年定为职业四段，同年升五段，1986年升为六段，常年作为云南省的队员，后来是教练兼队员。邱继红五段、段嵘七段、丁伟九段、王垚六段等都受过他的指导和训练，他为培养云南的围棋尖子辛勤付出，云南的围棋水平产生质的飞跃，他功不可没。

陆教练在职业征战中个人取得的最辉煌的成绩是1992年经过艰苦卓绝的奋力拼杀，一路过五关斩六将，连克汪见虹、阮云生、廖桂永、方天丰，以全胜成绩荣获平顶山“建行杯”全国围棋邀请赛的冠军。由于陆教练高超的棋艺，诚恳谦逊的为人，稳重踏实的作风，被国家围棋协会选中，1993年被派遣到新加坡围棋协会从事围棋的普及和个别尖子的训练工作，取得了较好的反响和效果。他听说笔者在大学从事围棋的普及教学，就交代笔者与学生相处应该“以友相待”，教学方式可以以娱乐的形式展开，大家确定了棋友的关系后，相处得比较开心，那么学棋的事就好办了。一句话就是快乐学棋。

说起陆教练，丁伟总是尊敬地称他为“陆老”。陆教练在丁伟由楚雄队选进云南队，由云南队走进国家少年队的过程中，起到了极为关键的作用。在发现和培养丁伟的过程中，陆教练扮演了伯乐和良师的角色。

陆教练和笔者聊过1986年发现丁伟的故事，有一种风云际会，机缘巧合的意味！那次省运会，陆教练原来没打算去，但有一个关系比较好的郭姓朋友要考国家二级围棋裁判，需要许多考官一起考试，但平时各个考官难以集中，这次省运会恰好是一个机会：大部分考官都集中到了曲靖。郭姓朋友也盛情邀请陆教练一块去，陆教练一来架不住朋友的盛情，二来确实在昆明也没有什么事，于是就和朋友一块儿到了曲靖。在比赛期间到赛场转一转，无意中就发现了个头特小但最吸眼球的丁伟。

丁伟进入省少棋班，经过代心泉老师严格而悉心的调教，养成了良好的生活和学习习惯。自从1988年3月从代老师家搬到省体委集体宿舍后，陆教练作为当时省围棋队职业段位较高的教练兼队员，开始了对丁伟等队员新的训练。陆教练除了训练少棋班外，还与省围棋队其他队员频繁进行对局训练，为参加全国围棋团体赛做准备；同时还要不断地选拔新苗子，为围棋准备后备力量。对于后备队员的选拔，陆教练与周领队确定了十分严格的标准：一、年龄差，一批候选队员中只能选一个；二、较高的棋艺水平，或者评上职业初段，或者获得全国少年赛冠军。如段嵘、丁伟、王垚等都曾获得全国少年赛冠军。

正因为有许多其他的事情要办，陆教练只能每周安排两到三个下午，从14:00到17:00到少棋班与小棋手们下指导棋，一般同时指导3至5个队员，但有时干劲大也同时指导10人以上。

小朋友一看见陆教练走进少棋班，都很兴奋，全部摆开棋盘，恭迎陆教练来指导。大多数时候陆教练对丁伟指导的时间会稍长一些，讲解更仔细一点儿。陆教练经过开始的几盘指导棋，就了解了丁伟的棋风，觉得这个孩子下棋比较注重基础的厚实，不太注重一开始对实地的一点点占有，但进入中盘一发力就会显示出强大的力量，属于力战型选手。这是丁伟的对弈习惯，也是他的价值观，陆教练觉得这个孩子“不财迷”，还比较大气，因此对他另眼相看。在陆教练的悉心灌溉下，丁伟这棵幼苗正在茁壮成长。但仅仅在云南训练还不够，还必须到外边见见世面，多上台参赛，从棋艺和心理上进行训练。因此一旦有机会，他就带着段嵘、丁伟等人外出观战和指导。如 1988 年 6 月带他们参加了“首钢杯”全国围棋升段赛，丁伟发挥不错，一直打到第八轮。虽然失败了，但收获是极大的。

经过一年多的训练后，陆教练打算带着少棋班的尖子参加全国围棋少年选拔赛，取得冠军后可以进入国家围棋少年队，那是全国围棋顶尖人才的汇聚地。要是经过名师指点，个人努力，考取职业初段的可能性比在各省考取的概率大，因此那里也是围棋职业从事者，包括少年棋手家长们心中向往的“圣地”。

在省体育局的支持下，1989 年 6 月，陆教练带着梁雪冬、丁伟去北京参加全国少年围棋锦标赛，也是国少队的选拔赛。一般情况下，赛事分为 3 个组：A 组（14、15 岁）、B 组（12、13 岁）、C 组（11 岁以下），国少队只录取各组的冠军。这一年，丁伟参加了儿童 C 组的比赛，只获得第四名，赛事结束后只有回云南。

一年后，陆教练带着丁伟再次来到北京，因为经过选拔，丁伟的棋力最强，当时云南少棋班的队员中他获得冠军的可能性最大。当时的丁伟刚满 11 岁，相当于小学四年级的孩子，有点贪玩，比较调皮，特别喜欢喝饮料。关于这次进京比赛，陆教练对丁伟的整个比赛过程都记得比较清楚。当时赛制是对弈双方实行时间包干制，每方大约50分钟。陆教练清楚地记得丁伟下的第一局，不知是什么原因，当时丁伟五心不定，草率行棋，才开始十多分钟，他就输掉了。陆教练很不高兴，在裁判登记结果并在双方签字后，他与裁判交流了几句，等他转过来准备找丁伟进行批评并复盘时，丁伟连个人影也没有了。陆教练相当着急，因为当年参赛者每人总共要下九盘棋，如果输了两盘，就不可能获得冠军，如果这样，那么这次北京之行又将是铩羽而归，无功而返。陆教练一想：是不是这小子知道自己错了，害怕被批评而逃掉了？过了一会儿，陆教练冷静下来，干着急也于事无补，得想出什么办法让丁伟出成绩啊！于是针对丁伟的年龄特点和爱好，想出了一个妙计：让丁伟动心、静心，又精心。所谓动心，就是根据丁伟爱喝饮料的特点，告诉他只要进了国少队，酸奶、健力宝等随便喝，不要钱，丁伟听了以后瞪大眼睛问："真的吗？""老师还能骗你？！但以后的比赛要全部赢了才能喝到！"丁伟认真地点了点头。所谓静心，陆教练根据丁伟下棋后不再有耐心复盘的心理，决定比赛结束的当天下午和晚上都不再复盘讲棋，让丁伟尽情地放松、娱乐。重点是实行早睡早起，安排他在晚上8:30就早早上床睡觉，到次日早上6:00就起床，然后根据昨天的比赛只选出两个突出的问题进行讲解，这时丁伟的精神很好，注意力比较集中，效果果然不错。所谓精心，就是指丁伟经过激励和指导，下决心下好后边的每一盘棋，精心思考每一步棋的急所，不再马虎对弈。

正是在陆教练的巧妙用计、英明指挥下，丁伟取得了后边八盘的全胜，如愿以偿，拿到第二名。这年国少队只录取了三个人：韩钢、韩晔、丁伟。真是名师出高徒啊！不仅丁伟，陆教练在之前的段嵘、之后的王垚身上也花了不少功夫，都取得了佳绩，为云南省的围棋发展做出了贡献。

同年12月，陆教练把丁伟送到国少队，离开北京前嘱咐丁伟："丁伟，你之前是云南队的队员，我还可以帮你复盘辅导，之后你进入了国少队，有新的更好的老师带你，我已提供不了任何帮助了。”丁伟听了以后很吃惊，很难受，也不太理解。后来丁伟逐渐理解了陆教练的良苦用心，也很感激陆教练对自己的帮助。后来只要听说陆教练带队到北京比赛，他忙完自己的事以后都会立刻赶到云南队，并要求陆教练再指导一盘，但陆教练再也没有指导过一盘。

由于陆教练的人品好，棋界朋友比较多，国少队的教练吴玉林老师也是陆教练的好朋友。陆教练后来到北京，也常常向吴老师打听丁伟的学习与生活情况，担心丁伟是否会考不进职业初段，从而进不了国家队，但吴老师都让陆教练放心，说丁伟非常用功，由代老师、陆教练训练教育出来的学生都是不错的。

丁伟入选国少队的第二年（1991 年），早春时节，在湖南长沙有个“霜花杯”全国围棋邀请赛，那个时候全国举办的围棋比赛很少，国少队教练吴玉林老师带着国少队全体队员来参加这个比赛，陆教练在吴老师的房间谈完工作要告辞的时候，吴老师告诉了陆教练一个重要的信息：长沙的“霜花杯”过后不久，国少队将在年龄最小的几位中选出一名棋手参加当年的“应氏杯”世界青少年围棋锦标赛。陆教练赶紧把这个情况跟周领队汇报，并立即把丁伟找来，周领队和陆教练跟丁伟进行了一番诚恳且语重心长的交谈，让丁伟有了明确的努力目标和备战选拔赛的信心。半个月之后，丁伟获得国少队选拔赛冠军，代表中国参加“应氏杯”世界青少年围棋锦标赛。与此同时，也获得当年国家少年队入选资格，在国少队站稳了脚跟。丁伟取得的成绩，与陆教练的惜才之心、爱才之情、教才之行是密不可分的。

丁伟目前把重心放到故乡，陆教练认为丁伟回故乡云南普及和推广围棋做得很好，他说：“丁伟进入国少队以前，一直是云南省体委（体育局）出经费培养他。丁伟后来在棋坛取得好的成绩，也离不开各级领导的关心、支持和帮助！”对丁伟在国际国内棋坛的表现，陆教练是这样评价的：“丁伟是中国棋界的实力派选手，作为一名棋士，他曾获得全国个人冠军、世界团体冠军，多次作为国家队的选手参加国际大赛，已经很辉煌了。一名围棋职业选手要取得这样的成绩也是极不容易的！”

王明霞、张晏秋等对少棋班的关照

由于云南地处祖国西南边陲，与发达地区相隔甚远，文化输入极不方便。尽管土地面积很大，达到 39.4 万平方公里，但地形以山地为主，交通极为不便，农业发展基础比较薄弱。云南尽管在明朝时期就生产出中国最漂亮、最珍贵的围棋子——永子，但由于总体经济文化的落后，导致围棋文化同样也长期落后于发达地区，主要成为少数贵族的娱乐雅好，很难大规模推广，也同样难以产生发达的围棋文化和围棋巨人。

不仅云南的围棋文化和围棋水平落后，回顾 1980 年前后中国围棋的总体发展水平和文化，情况也不乐观。自清末到 1980 年，中国围棋的发展不仅是止步不前，而且与日本相比是在退步。自从 1984 年开始举办中日围棋擂台赛，我们国家才真正迎来了围棋发展的春天。但处于欠发达地区的云南，围棋发展水平依然落后于东部地区。

王明霞、张晏秋、苏磊等人是云南省体工队女子围棋队的队员，1986 年丁伟进入省少棋班时，她们作为云南女子围棋队队员已经多次到全国参赛，拥有比较丰富的训练心得和比赛经验。尽管她们在全国比赛的成绩不是很好，但水平已达到业余 5 段，作为省少棋班那些孩子们的指导兼陪练，水平已绰绰有余。

1988 年 3 月，丁伟从代老师家里搬到省体委集体宿舍，逐渐与省体工队队员产生更多接触。接受围棋女队的指导与陪练，最早是在代老师的安排之下。围棋女队尽管有自己的训练，也参加全国的比赛，但不是棋队训练的重点，所以平时自我掌控的时间

◆丁伟进入少棋班后，得到悉心关照与指导。1987 年 5 月，张晏秋（左一）、王明霞（右一）、丁伟（中）三人合影。

也比较多。代老师与当时棋队的总教练徐继祖商量：在女队没有比赛的时候让队员多指导和陪练少棋班的孩子。总教练同意了，于是，王明霞、张晏秋、苏磊等人开始花越来越多的时间和精力在少棋班的孩子身上。在丁伟的记忆里，花时间最多的是王明霞老师。

王明霞在 1988 年春夏之交开始指导和陪练少棋班，但她早在 1986 年 9 月曲靖的省运会上就见过丁伟了。当时王明霞老师也带着三个学棋的孩子到省运会去训练并学习观摩，其间听说了来自楚雄的小丁伟的故事，也抽空去赛场看了一下比赛的丁伟，对丁伟有了初步的印象。指导和陪练少棋班开始后，经过一个月左右的磨合，总教练和代老师要求王明霞等人除了教棋以外，还要把孩子们的体质锻炼抓起来。当时少棋班的孩子达到十多人，有一定影响的除了丁伟以外，还有梁雪冬、鲁宏辉、颜伟、王梦宇、谭一龙等人，后来还有朱毅、黄奕（后来改名黄奕中，现任国少队教练，职业七段）加入。体质锻炼主要就是早晨的跑步做操。王明霞到了早上6:30就去敲门，把孩子们集中起来，带到东外场跑步、做操。在王老师的印象中，丁伟是当时许多孩子里既诚实又听话的一个，叫门起床集中的时候，丁伟就毫不犹豫地起床，颜伟、鲁宏辉等人会躲猫猫，梁雪冬个性比较强，不太听使唤。在王老师的严格要求下，孩子们的早锻炼坚持了一段时间。王老师在围棋训练结束以后有时也专门抽出时间和孩子们一块儿踢足球，还充当过守门员呢！丁伟也由此养成了喜欢锻炼的习惯，后来他被选入国少队后，转学进入北京体育馆西路小学就读五年级，对体育运动兴趣极大，参加学校的运动会还获得50米、100米短跑冠军；进入国家围棋队以后，在足球、篮球、羽毛球方面都可以算得上是主力队员，而且爆发力一直都比较强。对于一个围棋运动员来说，拥有一个强健的体魄，为应付长达十多天的围棋赛季，甚至一场长达五六个小时的对弈，打下了一个好的体质基础，这也是成为一名优秀选手必备的条件。

王老师在带了这些孩子一段时间后，逐渐把训练重心放到丁伟身上，原因有以下几点：一是丁伟秉性诚实，比较守纪律，学棋比较专心；二是丁伟在围棋训练后取得的成效最好；三是丁伟长得比较周正，灵活而乖巧，性格也阳光健康，一看就讨人喜欢。王明霞、张晏秋、苏磊三人都比丁伟大十岁左右，把丁伟当一个小弟弟看待，不仅经常指导和陪练丁伟，还常常在周末带着丁伟回自己父母的家里甚至到公园去玩耍。三人对丁伟的陪练指导，都十分认真负责，训练几乎都使用棋钟计时，而且三人都受过正规训练，棋路正，复盘也相当认真。正是在王明霞等女队员的努力下，丁伟棋艺更进一步。从 1988 年 4 月到 1990 年 6 月，从最初的让七子到只能让先的进步，为丁伟下一步获得全国少年比赛冠军创造了更好的条件。

丁伟 1990 年 6 月参加全国少年围棋比赛取得佳绩，带过丁伟的老师们都开玩笑，说这与他 1989 年去扬州比赛“开窍”了有直接关系。什么叫“开窍”？这又有什么来由和故事呢？

那是发生在 1989 年 6 月丁伟十岁的时候，当时由梁鹤年、陆军、王明霞三位老师带着一批队员到扬州参加全国围棋定段赛，丁伟也一块儿去了。三位老师各有分工，梁老师为总负责，陆老师专注于比赛的战略战术安排，王老师则负责生活保障。比赛并非每天都有，还另外安排休整时间，在这天休整时，老师们此前就商量好找一个当地有代表性的园林去转转，最终决定到扬州的个园。

个园可是扬州久负盛名的历史文化名园，在扬州的名胜古迹里，首屈一指。个园属于清代扬州盐商的私邸园林，以遍植青竹而闻名，以春夏秋冬四季假山被称颂，是中国四大名园之一。个园的假山是用贵重石材叠砌而成，叠石艺术享有盛誉。大家来到个园，兴致都很高，沿着曲廊、小桥、假山信步而行。就在大家兴致正高时，突然有人发现丁伟居然一个人爬到假山上去了。假山建在道路与池塘之间，经过了一百七十年的风风雨雨，结构可能已不十分稳固，弄不好会摔跤，甚至会掉落池塘里。于是带队的梁老师就叫：“丁伟，你干什么？赶快下来！”丁伟一直是一个比较听话但又胆大好奇的孩子，如果说别的孩子去爬大家还不惊讶，谁也没有想到他居然会独自爬上假山。丁伟听到梁老师一叫，心理立刻紧张起来，慌忙下来，结果一脚踏空，一头栽了下来，也是不凑巧，头正好碰到地面的凸石上，头马上就流血了。这可吓着大伙了，梁老师果断镇定，他上前抱起已不省人事的丁伟就往个园外边跑。一出个园，有人告诉他们不远处正好有一家医院，梁老师就抱着丁伟奔进医院，大夫们见状立刻开始止血，清淤，并进行缝针包扎。看到大夫在急急忙忙地救治，大家一直提着的心才逐渐安定下来。

那一天王明霞老师正好没有随行，感觉有点儿累想在宾馆休息，把年纪最小的丁伟交给梁老师。因为丁伟一直比较听话，又守纪律，有梁老师带队，她想安全上应该没有什么问题。但恰恰这次出了这么大的问题，她又是负责生活保障的，特别是关照丁伟等一些小孩的，因此她心里的内疚和难过可想而知。当大部分队员回到宾馆，准备吃晚餐，碰到王老师就把丁伟脑袋"开窍"的事情告诉了她，她一听，顾不得吃晚餐，立刻赶到医院，在丁伟的病床旁守了一夜。丁伟摔倒之后一直昏迷不醒，直到第二天接近傍晚时才苏醒过来，那时已经过了 26 个小时。王老师在丁伟昏迷时期，一直在自责自己为什么不一块儿去，也一直担心丁伟——这个云南好不容易出现并努力培养的围棋神童，就这样断送前程了，回去后怎样向省体委领导交代，又怎么向丁伟的家人交代？还好丁伟最终还是醒了过来，并逐渐恢复了神智。后来，队里决定买一张卧铺让丁伟从上海回云南，并由王老师一路上照顾。

回到昆明后，队里打电话给丁伟的父母，告诉了丁伟受伤的事。王老师不知道该如何面对丁伟的父母，一直忐忑不安，当见到丁伟父母的第一面，就一直道歉没有照顾好丁伟，结果丁伟父母还反过来给王老师赔礼道歉，说孩子太调皮了，给队里添麻烦了。丁伟父母如此明事理，队里一直称赞不已，王老师悬着的一颗心放下了一半。那另一半还因为什么而放不下呢？那就是丁伟如果康复了，智力是否受影响？将来还有上升的空间吗？苍天不负苦心人。丁伟康复后恢复了正常，在接下来的比赛中也取得了骄人的成绩，先进入国少队，后又上一个台阶进入了国家队。因此，队里的队员就开玩笑说：丁伟这次“开窍”了，对他以后的围棋进步更加有利，打开了一片新的天地。当然这是后话。王老师在丁伟痊愈后的陪练中，发现丁伟的棋力确实有了大的长进，那次“开窍”也真的促进了丁伟智力的发展，王老师另一半悬着的心最终落了下来。到一年后与丁伟对练时，王明霞、张晏秋、苏磊再也让不了两子，最多只能让先了。丁伟同年跟着陆军教练去北京参加全国围棋少年组比赛，获得了冠军，从而被选入国少队。

从丁伟在省少棋班的发展历程来看，王老师认为，省体委领导对如何把丁伟培养成才十分重视，这在以前是没有的，这对丁伟来说是十分幸运的。因为丁伟赶上了那个时代，那时的体制带给他最大的好处就是生活的费用、训练的费用、参赛的费用、医疗的费用等等全都是省里划拨。换成是现在，如果家里没有上百万的投入，要培养一个职业九段，谈何容易！

1990 年底丁伟离开云南去到北京后，王老师也一直关注丁伟的发展，为他的每一次进步感到欣慰。当丁伟获得九段荣誉时，她感慨极不容易。正是由于丁伟具备天分、专注、坚韧、勤奋、谦逊、礼貌等品质与天赋才做得到。

授子指导：酒井猛、陈祖德

丁伟进入云南少棋班后，在代心泉老师的指导下进步很快，成为少棋班里年龄最小，棋艺提高最快的棋手。除了代心泉老师外，还有其他队员也对丁伟进行辅导，尽量给他对外交流的机会。据丁父的记录，在1987年5月，日本著名资深九段棋手酒井猛率队来到云南旅游和进行围棋交流，入住昆明饭店。在省外事办、旅游局和体育局的安排下，与昆明地区围棋棋手进行了交流比赛。

当时的《云南日报》派记者报道了这场比赛，以《中日友好对局在云南》为题发表文章："5月中旬，日本棋院常务理事、九段棋手酒井猛先生率日本业余棋手一行15人，在北京参观第九届世界业余围棋锦标赛期间，来到昆明作短暂旅游，与昆明地区业余棋手进行了一场别开生面的围棋友谊比赛。14日下午在昆明饭店彩云厅内摆开战场……引人注目的是，酒井猛先生同我省新秀邱继红二段下的让二子的指导棋……结果小邱取得大胜。赛罢，酒井赞叹到：本想进攻黑棋，没想到全被他吃掉，力量这样大，使我大吃一惊。酒井猛接着和7岁丁伟，10岁梁雪冬下让7子指导棋。丁伟以杀棋擅长，梁雪冬以围空抓实为优，二人双双胜棋。当酒井猛得知两位小朋友都是昆明青少年宫围棋班学员时，颇感兴趣，又因时间太晚，未能前往参观而深感遗憾。这场5个多小时的友谊赛，共对弈33局，云南负6局胜27局，指导棋5局，云南3胜2负。丁伟还与日方其他三位业余棋手比赛，三盘都获得胜利。"

从报道可以看出：当时没有告诉外界参加比赛的棋手是云

南围棋队的队员，而报道成业余棋手，丁伟也成了昆明青少年宫围棋班的学员。从丁伟与酒井猛九段以及其他业余棋手的比赛交流的结果来看，丁伟取得了全胜的战绩，不愧是云南一个天资聪颖的小棋手。

1989 年，中国棋院院长陈祖德来到昆明，听了云南围棋队对丁伟的介绍，也想看看 10 岁的丁伟是一个什么样的水平，是否有比较大的发展前途，于是让人安排其与丁伟下让子指导棋。那时丁伟的进步已经比较大，棋力已相当于业余四五段的样子，陈院长与丁伟的棋下了一大半时，突然有事，只好匆忙走了。丁伟还记得，这盘未下完的棋，丁伟当时的形势是处于稍优的局面。陈院长这次测试，对丁伟留下了好印象。后来丁伟去到国少队，陈院长也比较关心丁伟的成长，在丁伟进入国家队后，他还专门带着丁伟出国交流。后来陈院长从领导岗位退下来后，担任广西围棋甲级队的领队，还专门邀请丁伟加盟广西队，对丁伟的围棋事业发展给予了极大的支持。

现在，在丁伟围棋教室的办公室里，还可以看到当时已经 66 岁的陈院长在 2010 年（庚寅年）亲自为丁伟题写的四个大字——“超越自我”，与他所创作的励志自传同名。一个比丁伟年龄大 35 岁的围棋前辈，能欣然为丁伟题字，这是一种多么大的信任、赏识和鼓励呀！

◆ 1996 年 10 月，和邵炜刚（左二）一起陪同陈祖德院长（左三）到泰国曼谷出席世界大学生围棋锦标赛（左一为丁伟）

◆ 左三为陈祖德，左四为邵炜刚，左五为丁伟

四 在国家少年围棋队的日子

全面发展：吴玉林教练的指导

国家少年围棋队（简称国少队）正式成立于1987年，丁伟1990年底入京之时，国少队正处于发展的上升成熟阶段。当时的国少队主教练是吴玉林老师。

吴玉林老师是北京本地人，15岁学棋并进入体校，18岁进到集训队。1982年定为四段，1988年升为六段，曾获第一届大陆台湾围棋比赛“海峡杯”冠军，后来还担任中国围棋协会裁判委员会副主任。吴教练为人谦和，工作踏实，训练要求严格，并且甘为人梯，门下培养出了一批九段和国内外围棋冠军，如常昊、邵炜刚、周鹤洋、王磊、刘菁、罗洗河、丁伟、孔杰、古力等人。

1990年选拔入国少队的队员，大约三人，录取条件是获得全国少年围棋选拔赛的优胜者，如果拥有特殊才能，确实是临场发挥不太好，教练们经过讨论，也会特殊提名录取。1990年8月，陆军教练带着丁伟参加全国少年围棋选拔赛，如愿获得进入国少队的资格，同年底，陆军教练亲自送丁伟到北京，因为两位教练是围棋界的同行，平时关系也较好，陆军教练这样评价吴教练：“别只看到吴教练和蔼，很少发火，但他对国少队队员要求很严，无论是人品、棋艺，还是队员的体质锻炼等方方面面都安排得挺好！”陆军教练与吴玉林教练做了简单交接，就把培育丁伟的重任托付给吴玉林教练，从此不再过问丁伟的训练事宜。

在丁伟的记忆中，吴教练同样是一位认真负责的教练，丁伟一直尊称吴教练为“吴老”。丁伟说，吴老是一个“定式大王”，各种定式知识十分丰富，变化也记得十分清楚。这给丁伟等队员掌握定式的变化提供了很好的帮助。

◆ 1991 年初，在国家体育总局的围棋国少队宿舍 333 号与队友练棋（自左往右：杭天鹏、韩钢、朱毅、王磊、丁伟、韩晔）

丁伟在国少队的学习和练习，正式开始是从1991年，当时他11岁，直到1996年进入国家队，有近六年时间在国少队、国青队度过。他印象最深的是国少队时期吴教练对他们这些从各地来到北京的孩子的关心和严格训练。吴教练不仅是一个严格而认真的教练，同时还扮演着慈祥父亲的角色，经常带着孩子们到家里或公园玩，给孩子们许多家庭般的温暖。

和丁伟一批到国少队的，总共有3名队员，另外两名是韩晔、韩钢，他们一天的安排是这样的：早晨6∶30，吴教练带领国少队的队员（还有其他不同年份进来的孩子共一二十人）起床跑步；7:30开始吃早餐，然后到天坛西路小学读书，放学后回到棋队；中餐后休息，下午和晚上进行围棋训练，下午是14∶30到17∶30，晚上从19∶30到21∶00；之后休整，各自回宿舍小规模交流，漱口清洁后上床休息，棋队22∶00熄灯。吴教练经常在熄灯后还到房间来巡查，看看孩子们是否都睡下了，然后才下班回家。

对丁伟而言，日程安排与在昆明相比，上午和下午基本相同，最大的区别在晚上，国少队把晚上的时间也充分利用，多训练了一个半小时。

关于丁伟的文化学习情况，这包括两个阶段，即小学和技校。在北京天坛西路小学的文化学习情况，主要包含五年级、六年级两个学年。每天都和韩晔、韩钢在早餐后背着书包去上学，丁伟做事情一贯比较认真，有一种超出常人的韧性，在文化学习上也如此。尽管他对文化学习不太感兴趣，但大多数情况下都坚持了下来，小学各科成绩不仅合格，数学成绩还特别优秀。

当然，与韩晔、韩钢相比，丁伟不仅年龄偏小，身材稍矮，棋艺也显得稍差一些，在学习中也不可避免地受二人影响。有一次，三人逃课没去学校，沿着街道漫无目的地逛着，结果被国家队的队员发现，把这情况告诉了吴教练。国家队的队员是怎么会发现的呢？原来 1991 年第四届中日围棋名人对抗赛在北京举行，小林光一过来就与马晓春进行比赛，相关队员们一块去观摩学习，在大巴车上坐着等人时就看到了三人。三人后来受到严肃处理，被通报批评。三人都被吓着了，之后老老实实上学读书。

丁伟在小学毕业后进入国家体育总局训练局职工体育运动技术学校继续文化学习，学习了四年，最终拿了中专文凭。在技校学习时，曾经与国家体操队、举重队、花样游泳队、跳水队等队的队员在一班共同学习，与杨威（2008 年北京奥运会体操全能金牌获得者）、郑李辉（2000 年悉尼奥运会男团体操冠军）、田亮（2000 年悉尼奥运会、2004 年雅典奥运会跳台冠军）、刘璇（2000 年悉尼奥运会女子体操平衡木冠军）等都是同班同学。

针对丁伟日常的围棋训练，主要包括以下几个方面：一是听教练讲解布局、定式、手筋、收官等知识，并进一步理解和使用；二是打谱，其实在丁伟六岁时就形成了打谱的习惯，矿上订了一些围棋书刊，他曾自己拿回家打谱。到了国少队，除了教练布置的任务外，他自己还经常到棋院图书馆借阅相关图书，作为全国

◆ 1991 年初，在吴玉林、李素香老师带领下，和国少队伙伴到桂林交流（左三为丁伟）

◆左二为丁伟

◆ 1991 年春，罗建文老师、吴玉林老师与国青队、国少队部分队员合影。（一排左一为丁伟）
图片来源：日本棋院主办《棋道》，1991 年第 5 期

围棋资料最丰富的图书馆，丁伟自由自在地在书海中遨游了好长时间，学到了许多围棋知识；三是与同龄队员对局，特别是与韩晔、韩钢共同对弈了若干局，不仅提高了对围棋的兴致，而且更好地保持对围棋的热爱；四是在吴教练带领下进行复盘，特别是正常工作日每天晚上的复盘，使丁伟受益匪浅；五是积极报名参加大大小小的比赛，经过那些正式的预选赛，丁伟等人更认真、干劲更大，对胜负的感受也更强。特别有一次，丁伟参加 1992 年 4 月的“霜花杯”比赛，当时尚未入段的他竟然战胜了一名职业八段，这对他自信心的增强和比赛经验的积累大有益处。

丁伟刚刚进入国少队时，因为棋艺低于韩晔、韩钢，压力比较大，自然下的功夫也更多，有时练棋打谱进入佳境，到了忘我的地步，常常从下午 14:00 练到晚上 21:00 忘记吃晚餐，结束时直接去吃宵夜；而有时丁伟在晚上 22:00 熄灯后思绪活跃，余兴未减，在吴教练巡查之后，又打开手电筒继续研习到凌晨两三点钟。

丁伟回忆起在国少队的日子，感谢吴老帮他培养了一个好的习惯。当时节奏很快的学习和生活方式，让他在以后的工作和生活中，都能养成爱好锻炼的

◆ 1992 年夏，国少队到武汉交流

◆ 1992 年夏，吴玉林老师带着国少队队员常昊、周鹤洋、王磊、朱毅、丁伟（左三）等人集训，到武汉与当地棋手交流

习惯，同时让自己拥有了强健的体魄，为自己围棋事业的发展奠定了一定基础；另外，每天下午和晚上的大量训练也使丁伟的棋艺有了大幅提高，为他后来进入国家队也打下了坚实的基础。

在北京工作和生活的二十多年里，在棋艺上对丁伟帮助最大的有两位老师：一是吴玉林，二是俞斌。刚到北京那几年，吴教练多方训练，尽力扶持，见证了丁伟的快速成长过程，助力他在 1997 年 10 月全国围棋个人赛上获得冠军。在当年《围棋天地》第 12 期，登载了吴教练对丁伟介绍和评价的一篇文章《第七条小龙——丁伟五段》。我们选其中一些段落看看吴教练心里对丁伟是什么样的评价："丁伟生得眉清目秀，近 1 米 80 的个头儿，英俊健美，一表人才，小伙伴们亲切地称他为'小虎'。从 1990 年入选国少队至今，他在同龄的小伙伴中，是唯一一个被正式列入国家队名单的原国少队员。"

"丁伟待人诚恳、憨厚，在围棋队里人缘极佳，就是不太爱说话，总是显得十分腼腆的样子。和队里的多数年轻人一样，业余时间里，他喜欢踢足球，喜欢看书，喜欢听音乐，最爱看的是名人自传，最欣赏的是香港歌星张学友。在棋艺上，他最佩服的棋手是赵治勋和李昌镐，除了佩服他们二人高超的棋艺，更佩服的则是两人对棋艺执着追求的精神。"

"在国少队的几年里，丁伟踏实、用功，是队里进步最显著的队员之一，并在同龄队员中逐渐占据了领先地位……在 1992 年夏天的全国少年赛上，他一举夺得了 B 组的第一名；1993 年，在全国少年赛上，他以优异的成绩再夺 A 组桂冠，成为名副其实的全国少年冠军；1994 年，他又蝉联了冠军。这个战绩，在优秀的少年棋手层出不穷，激烈竞争的年代，尤为难得。"

近期在电话采访吴教练时，他评价了丁伟的成绩，认为丁伟的成绩是比较好的，升上了九段，也获得了中日韩 CSK 团体赛的冠军。虽然个人世界冠军与他无缘，但有一定原因：一是 21 世

1997 年全国围棋个人赛获得全国冠军

丁伟 [VS] 常昊

丁伟执黑　胜　共 225 手

1997 年 10 月 11 日

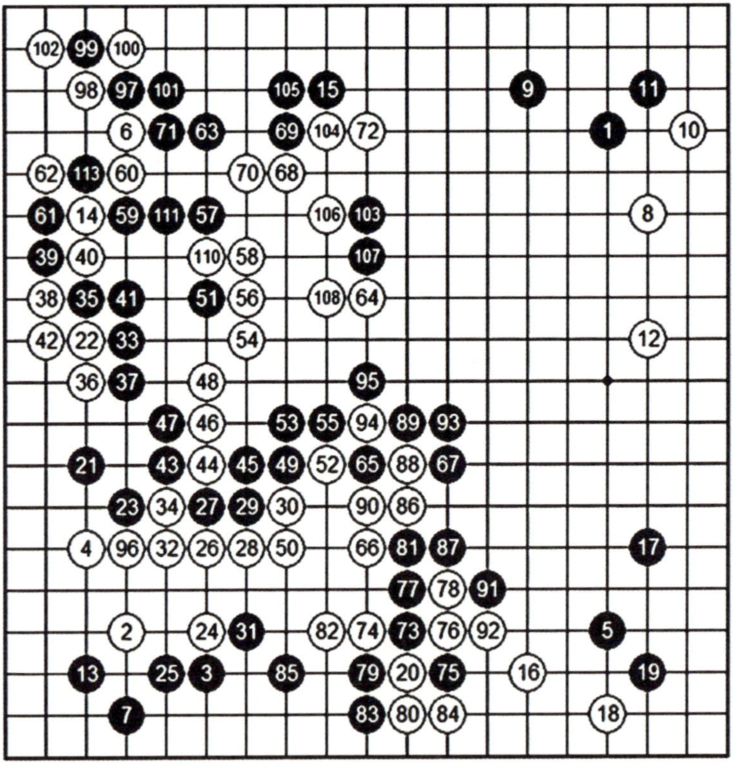

❻❺ = ❶⓿❾　　　　⑨④ = ①①②

谱一：1–113 手

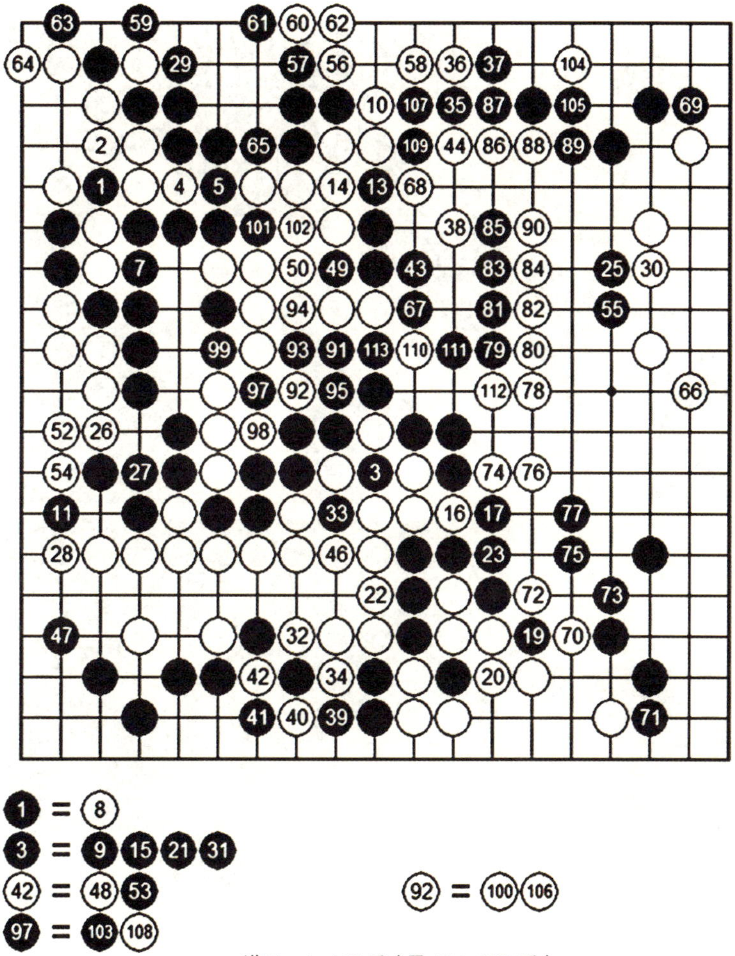

谱二：1–113 手（及 114–225 手）

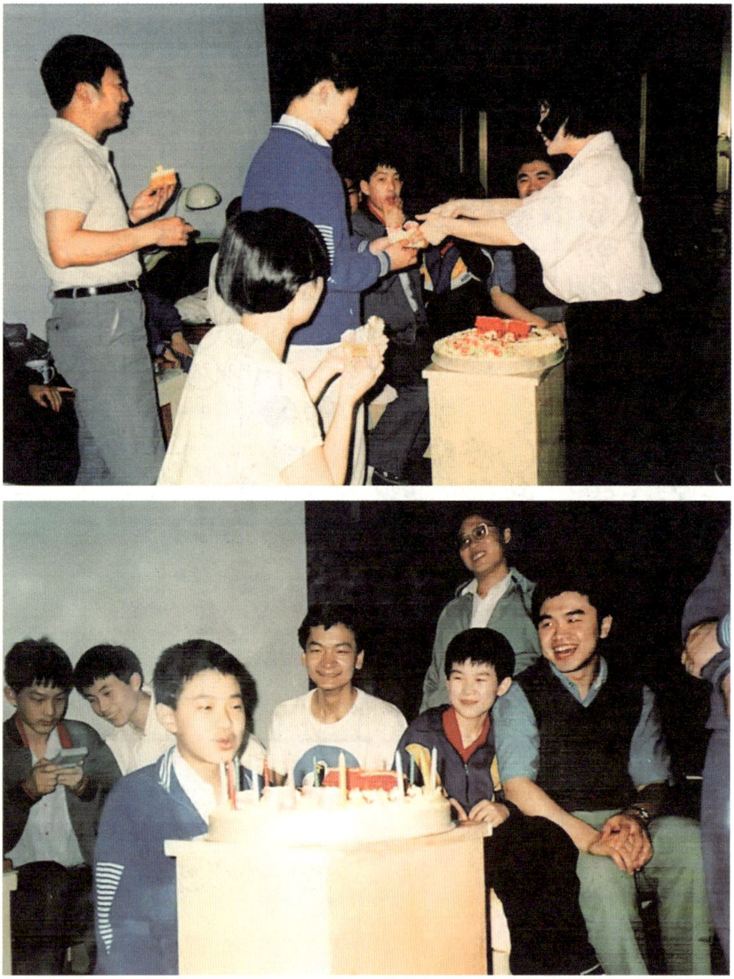

◆ 1993 年，丁伟（左三）进入国少队后，吴玉林、华学明、陆军、张文东、丰云等前辈名手一起庆祝丁伟生日

◆ 1993 年 8 月 21 日，丁伟在全国少年围棋赛的冠军颁奖仪式上（拿奖杯者为丁伟）

纪前后的世界性的围棋比赛数量很少，竞争特别激烈；二是那个时期中国围棋的整体水平还没有大的突破，处于低潮时期，96、97、98 年韩国上升很快，出现了像李昌镐这样的超级高手，包揽了当时世界上几乎所有的冠军；三是等到李昌镐过了顶峰的时候，丁伟状态最好的阶段也过去了，年纪更轻，战斗力更强的新生代棋手已逐渐占据了一线位置，如古力，如“三驾马车”孔杰、胡耀宇、邱峻等。吴教练最后说：“如果当时世界性的比赛多一点，丁伟也一定可以拿到冠军！”七十多岁的吴老听说我们在整理出版《丁伟围棋之路》，也十分支持，不仅热情地提供了丁伟在国少队的成长资料，还专门找到了丁伟进入国少队不久后到日本学习交流的相片，连同日本期刊《棋道》一块儿寄给了我们。

入段到四段：国家队不能有白丁

王明霞老师说过一段话：“每年全国围棋手的入段比赛，录取比例仅为 200 ： 12（后期略有增加），其竞争的艰难与残酷，根本不亚于清华大学的硕士生录取考试！”笔者也以为是。

之所以把丁伟的升段道路分为两节，一是入段到四段，二是五段到九段，是以 1996 年丁伟被招入国家队作为一个分界的。

从入段到四段，主要是丁伟 1992 到 1995 年的经历。1992 年对于丁伟来说是一个幸运年份，有三大喜事临门：一是在 4 月份的“霜花杯”围棋比赛上尚未入段的他第一次战胜一位职业八段选手；二是他在当年的全国少年赛上一举夺得 B 组第一名；三是这一年夏季他顺利升入了职业初段。

“霜花杯”全国青少年围棋赛，是由湖南冷气实业赞助的，由中国围棋协会在湖南举办的邀请赛，从 1991 年开始举办，到 1995 年办了五届。那个年代围棋比赛很少，“霜花杯”在年龄上控制不严，一些年轻的高段棋手也都愿意参加，其中不乏一些二十多岁的选手。丁伟也去参加了，当时他尚未满 13 岁，也没有入段，参加这次比赛，主要是抱着学习的态度，多见见高手下棋的风采，积累一些参赛的经验，但在比赛中能把职业八段赢下来，却给了丁伟重新认识自己的机会，也大大增强了他的自信心，开启了一段新的时常战胜包括九段高手的征战史。

获得全国少年赛冠军和入段，体现了丁伟在来到北京的一年多的时间里，勤奋努力，心无旁骛，专心研棋，因此有非常大的长进，吴玉林教练也评价丁伟是同一批国少队队员里“进步最显著的队员之一，并在同龄队员中逐渐占据了领先的地位。”

总结丁伟专心勤奋的原因，笔者总结主要是他有压力，然后能较好地把压力转化为动力。人们也许会问：丁伟年龄不大，压力来自哪里？首先，刚进入国少队不久，华以刚老师对新进队员进行训话，谈了许多希望，同时也告诫孩子们要把握国少队的难得的机会，不要碌碌无为，荒废时日，否则大浪淘沙，不进则退，不适则亡。其中给丁伟印象最深的是这句话：“国少队不允许有白丁！”其次，丁伟来自遥远的云南，那里经济水平、社会发展程度都比较落后，能从云南队进入国少队，这个机会来之不易，家人和云南队的教练都对他寄予了厚望，但如果两年后被淘汰了，再灰溜溜地回到云南队，那个场景是丁伟不愿看到也是无法接受的；最后，与同批进队的其他队员相比，比如韩钢、韩晔，丁伟当时的棋艺是相对较低的，如果不勤奋努力，将来选拔时，淘汰的很可能就是自己。

鉴于此，丁伟非常尽力，也终于取得了骄人的成绩。1993 年，丁伟顺利升上二段，并获得全国围棋少年赛 A 组（14、15 岁）冠军。1994 年，丁伟顺利升上三段，并蝉联全国围棋少年赛 A 组（14、15 岁）冠军。1995 年 6 月，在全国围棋段位赛上丁伟由三段升为四段，9 月 2 日在“中环杯”决赛中夺得冠军，这是他在告别少年时代后，获得的职业生涯的第一个冠军。从上边几年段位的顺升与冠军的获得，可以看出：丁伟来到北京四、五年的时间，棋艺进步确实非常大，取得了同龄队员里十分骄人的成绩。

吴玉林教练对 1995 年年末丁伟的表现还有一段评价，他是这样说的：“10 月，丁伟被委以重任——被列入中国队的阵容，出战中韩新锐对抗赛。结果，初次在国际舞台上露面的丁伟不负众望，两战两胜，两个对手分别是被誉为韩国棋坛‘四小天王’之一的李圣宰，被韩国棋界评价为‘李昌镐第二’、在两个月前的中韩对抗赛上曾战胜过聂卫平九段的睦镇硕。丁伟终于以出色的成绩和各方面良好的表现，得到了大家的认可，在围棋队里找到了应有的位置。1996 年初，他被列入国家队队员名单。”（《围棋新锐冲击强者风云录》）

◆ 1992 年，丁伟（右）与日本菊池康郎率领的访华新锐进行交流，与沟上知亲（现为八段）对局

父母的探望：变得父母认不出

丁伟在北京国少队的日子里，父母专程到北京来看望孩子。1990 年年底丁伟离开云南，到 1992 年春节，已经有一年又两个月没回过家了。那时的交通条件比较差，尚无高速，父母从大姚铜矿到昆明，需要乘坐两天的长途汽车，路途艰难，公路盘山，坎坷不平。从家里到北京，分为三段：第一天，从大姚铜矿到楚雄，乘汽车约 6 个小时，然后在楚雄住一天；第二天，从楚雄到昆明，也需要 6 个多小时；第三天，从昆明乘火车到北京，那时需要 72 个小时，坐三天两夜。

当父母一路风尘，千里迢迢抵达北京，看到心爱的小儿子时，12 岁的丁伟开口的第一句话，就让妈妈热泪盈眶："你们把我放到北京，就不管我了？！"妈妈一把把丁伟抱到怀里，声音沙哑地解释说："妈妈和爸爸还不是一样很想你！但来北京不像到昆明，太远了，来一次要准备很长时间呀！"紧接着，丁伟又说："为什么不带哥哥一块儿来？"可见兄弟感情十分深厚。

父母见到久别的丁伟，第一二天都不太适应，好像感觉有一些失落，变得都有些不认识了。他们觉得原来那个无拘无束、谈笑自若、活蹦乱跳的丁伟不见了。变化主要有两方面：一方面是个子和五官，另一方面是性格。

身高和五官变化比较大，因为十一二岁正是长身体的时候，加上国少队的伙食营养搭配合理，丁伟胃口又好，再加上学习和训练比较顺利，人也比较单纯，没有更多的杂事和杂念，睡眠也很不错，因此个子长了二十多厘米，民间有一种说法称此为"抽

◆ 1993 年，丁伟到北京三年了，是生理、心理变化最大的时候，以至于父母见了竟有点不敢认

条”。再加上北京的海拔低，太阳的辐射比云南弱，紫外线也弱，云南人到北京住上个一年半载，皮肤都会变白。丁伟的变化当然很大，父母亲觉得他五官也变得不像小时候那么可爱，脸变长一些，嘴唇也变得厚嘟嘟的，小时候的天真无邪和顽皮聪明的样子

似乎再难找到了。关于丁伟五官的变化，过去多少年了，其母都一直记得丁伟当时嘴唇厚嘟嘟的样子。

而性格的变化主要体现在丁伟的话不像以前那么多，变得很沉默，也比较稳重。父母一开始看到儿子变成这样，还一度怀疑是不是儿子在北京太孤独，父母亲对儿子的关怀不够，担心儿子在北京过得不如意。但两天过后，丁伟和父母在一起又逐渐恢复以前说说笑笑的开朗性格。和父母一起去逛街，还不断介绍他在北京读书和训练的地方，又讲了不少他与队员的训练内容，教练对训练的安排，对他们的照顾，以及彼此之间的关系等等。

2009 年，丁伟在一次围棋电视节目中，接受著名围棋节目主持人同时也是女子围棋名人徐莹的访谈，其中谈到了他性格变化的原因：最重要的一点是他进入国少队，因为与国家队就在一栋大楼里，以前崇拜的围棋巨人，一周之内全见到真人了，如陈祖德、聂卫平、马晓春、刘小光等人，那些偶像时不时与自己擦身而过，给丁伟一种神圣而威严的感觉，是极大的震撼！于是他也不敢再像以前那样百无顾忌，嬉笑顽皮了，而是要树立一个新的形象，变成稳重的人，要让偶像以后看得起自己，因此也有了一定的使命感，希望成为一个努力学习，认真训练，成绩优秀的好孩子，也希望自己早日成为如同偶像那样的围棋巨星。

五 进入国家围棋队

子效与大局：俞斌九段的指导

20 世纪 90 年代前后，韩国李昌镐横空出世，接连取得各项国内外冠军头衔，对世界棋坛产生极大轰动，一时间在世界棋坛剑锋所指，无人能敌。而李昌镐的成功与拜师曹薰铉，得到曹薰铉的倾心指导密不可分。这样一种相当于以前日本内弟子的学习方式，对中国围棋苗子的培养产生很大影响。于是在体育界领导的提议下，开始在国家队里鼓励以老带新。当时中国的领军人物聂卫平和马晓春分别收下签约弟子，刘菁、周鹤洋、常昊、王磊跟聂卫平，邵炜刚、罗洗河跟马晓春，这便是著名的“聂马六大弟子”。国手俞斌跟丁伟也签了师徒协议。

1993 年 12 月，丁伟正式拜俞斌为师，尊称俞老师，简称“俞老”。

俞斌，国内棋界惯称为“鱼头”，是国家队现任总教练，是出了名的好人，修养好，从不轻易发脾气。他为人低调，性格温和，待人热情，行事谨慎，踏实认真。有人总结他的人品：敦厚聪颖、纯朴无华与谦逊平和、勤奋好学。俞斌出生于 1967 年，比丁伟大 12 岁，他于 1983 年进入国家队，1991 年升为我国第十个九段，2000 年拿到 LG 杯，继马晓春之后成为中国第二个世界冠军。

俞斌的棋风，有人这样评价：“勤奋型的代表，悠长的实地流派。”“对地、势的理解有独到之处，倾向于一种‘先捞后洗’的细磨棋棋风。大局和判断一流，官子功夫和后半盘韧力强，对力战型棋风胜率要高。与年轻棋手反复磨砺的敬业精神，使其能很好地适应围棋潮流的变化，保持极佳的竞技状态。”弱点是“布

◆ 2018 年 11 月，俞斌老师参观丁伟围棋教室（左为丁伟）

◆ 2018 年 11 月，俞斌老师参观丁伟围棋教室，谈到了陈祖德题写的“超越自我”四个字（左二为丁伟）

局较平凡”。

俞斌在国内外取得的战绩也是比较辉煌的，是老一辈棋手中的常青树，尽管没有领军人物那样的风光，但也极为重要。人们对俞教头在中国围棋界的地位有比较中肯的评价，主要体现在四方面：一是在国内棋界是最早发现“焦点在中后盘”的围棋发展规律的先驱之一，常昊对此也比较认同。所谓“焦点在中后盘”，意思是围棋胜负的关键不再是布局，而是中后盘的力战、精密计算和完美收官。二是在中国围棋发展青黄不接的时期，他起到了承前启后的作用。聂马时代过后，“小龙辈”尚未成长起来，俞斌以长期稳定的战绩撑起一片中国围棋的天空，多次获得冠亚军，其中获得亚军的次数更多一些，由此被一些人称为“千年老二”，当然这是开玩笑。但同时我们也明白，如果没有很强的实力，是不可能打入决赛圈的，也不可能拿到国内、国际比赛的冠亚军。在韩国强势统治围棋世界的时候，俞斌取得的战绩，为中国围棋尽早度过寒冬起到很大的积极作用。三是作为教练，为中国围棋的发展，甘当人梯，倾注全力，使女队和男队经过三五年的扎实训练，集体研讨，取得有目共睹的成效，先后迎来了各自在世界棋坛上怒放的春天。四是作为中国围棋软件顶尖的开发者，俞斌牵头开发了不少的围棋学习训练软件，如中国围棋管理程序软件（我国现行的围棋等级分系统编程）、级位测定、棋谱讲解、幼儿学棋等等，为中国围棋的普及和网络推广做出巨大贡献。在 20 世纪 90 年代和 21 世纪初订购过《围棋天地》的围棋人士，应该都对俞斌的围棋软件产品不陌生。

俞斌从开始学棋，到评上九段，到获得世界冠军，到国家女队教练，再到国家队总教练，从事围棋事业已经 40 余年。2014 年俞斌在接受新浪体育《棋事》专栏采访时，谈到了 40 年来对围棋的感悟以及对所谓“天才”的理解。下边我们摘录一些，看看俞斌的思考。

新浪体育记者：你从小学棋，可以说半辈子都和围棋在一起。能谈谈你在围棋上的感悟吗？

俞斌：谈到感悟，我觉得就是中庸之道吧。如何取中，是人生的一道难题。在棋盘上，也体现得一模一样。

譬如，你在围棋上的选点，可能过一路就是过分，退一路就是退缩。“中”是变化的，跟当时的形势有关。棋盘上的形势好时，退缩的那一招也许正好是中庸的体现；形势不好时，过分的那步，也许才是你正确的中庸之道，因为只有这样做才可取胜。围棋的中庸，是根据棋盘形势变化来确定的。但是人生的中庸之道，跟一个人的社会地位和财富都是有关系的。譬如说，没钱时，艰苦地工作就是中庸之道。但当财富积累到一定程度，就要懂得放。这就是“中”。

新浪体育记者：围棋在大众的眼里，是天才的游戏。你一直生活在天才聚集的圈子里，你对“天才”这个词怎样理解？

俞斌：我认为天才包括很多方面，不仅仅是智商。围棋确实需要一定的智商，但还要有对人生的感悟。其实对中庸的理解也会自然贯穿在整个的行棋之中。譬如，有些棋手喜欢过分，有些人天生就喜欢退缩，这跟人的个性有关。当然，无论是防守型的、还是进攻型的，都能成为伟大的棋手。一个棋手行棋时做得过一点，或平一点，表面看差别微乎其微，一般人甚至看不出来，甚至还会认为他是取中的，但我们知道他的过分处。在棋盘上，太过分不行，太退缩也不行，都会失败，要成为伟大的棋手一定要有取中的智慧。

另外，要想成功还要有胜负心和胜负感。没有胜负心的人，即使很聪明，但对他来说赢也好输也罢都是无所谓的事，这种不会去争胜的人是不行的。但只有胜负心没有胜负感也不行。胜负感是指在棋盘上如何把局面引向胜利概率大的那一方面的感觉，如何把握对弈时的形势，并不是每步棋都要按照定式去走，这需

◆ 1996 年 10 月，在中国棋院和好友小聚（自左往右：丁伟、常昊、王谊、邵炜刚、刘菁）

要的就是棋手的胜负感。

还有一种能力，就是能够把心思长时间地集中在围棋上的专注力，这也是天才所必备的能力之一，并不是每个人都能做到。当然，你可以把它归为才能，也可以归纳为性格。像李昌镐、常昊、邱峻的专注力都是非常强的。我把这种专注力归纳为智商之外的另一项才能。所以说，天才也要具备全方位的能力。一个棋手就算智商很高，如果其他地方有所欠缺，也很难成为大家。

俞斌和丁伟之所以会建立师徒关系，除了丁伟在 1992 年顺利实现入段，1992、1993 两年连续获得全国少年赛冠军外，还有两件小事让俞斌对丁伟产生好感。

第一件事是发生在 1988 年，那年丁伟九岁，作为云南队的队员到北京首钢参加段位赛。长得周正，年龄也还小，天性比较调皮，也很有灵性。有一天比赛空隙，小丁伟独自一人跑到住宿楼下的小院里，蹲在地上，用一个矿泉水瓶子往地上的蚂蚁洞里灌水，看到那些蚂蚁被淹，然后慌慌张张地来回乱跑，他觉得十分开心。正在此时，俞斌来住宿楼等人，但因为人还未到，看到小丁伟，就与他闲聊了两句，就知道这个聪明顽皮的孩子叫丁伟，对他有了第一印象，觉得这个孩子还不错。

第二件事是发生在两年后的1990年，丁伟在陆军教练的带领下到杭州五云山疗养院参加全国段位赛，俞斌也去参赛。由于疗养院建在城郊清静而风景秀丽的地方，比较偏僻，出来都要乘坐较长时间的公共汽车。那天丁伟要进城，在公共汽车站等车，正好俞斌也要进城，等公共汽车来了大家一块儿上车，丁伟来得稍早一些，先上一步，出于对俞斌的尊敬，也帮俞斌买了一张票。俞斌在车上打量了丁伟，想起前年在首钢见过这个孩子，基础不错，成绩上佳，聪明礼貌，好感由是加深。

◆ 1996年10月，和邵炜刚（后排左一）一起陪同陈祖德院长（前排右一）到泰国曼谷出席世界大学生围棋锦标赛，得到当地围棋爱好者的热情欢迎，并与蔡绪峰董事长（前排左二）合影留念（后排右一为丁伟）

后来在陆军教练等人的推荐下，俞斌通过对丁伟的进一步考察和了解，决定收丁伟为徒。丁伟于1993年底完成了拜师仪式，并签订了拜师协议，俞斌提出了双方的约定：两人等级分排名相差40名以内后，自动解除协议。后来等级分差别在40以内了，俞斌特意跟丁伟说“协议解除了”。但丁伟是一个实诚感恩的人，他心里明白：来到北京的二十多年里，俞斌不仅在棋艺上对丁伟倾注了大量心血，而且在生活上也十分关心和帮助。在丁伟的心目中，俞斌不仅是一个专职老师，而且还扮演父兄的角色。那一份深深的感情，丁伟终身不会忘记，他一直对俞斌执弟子礼。

丁伟是俞斌的第一个协议徒弟，俞斌对自己的开门弟子自然十分用心地调教（后来俞斌还收了邱峻和王垚为徒），俞斌教育和影响弟子的方式是与众不同的。因为他生性温和，又很喜欢与少儿交流，因此棋界还一度称呼他为“儿童团长”。他采取和风细雨，润物无声的教育方式，在做人做事方面给丁伟极大的影响。他常常在饭后带着一些国少队队员散步，包括常昊、丁伟等人，还时不时买冰激凌等东西给他们吃，在散步的过程中就把自己的理念输送到孩子们的心里。现在我们看到丁伟，会感觉与俞斌的做人做事方式那么的相似：为人低调，性格温和，待人热情，行事谨慎，踏实认真。人品也是敦厚踏实、谦逊平和、纯朴无华。

俞斌作为一个中国围棋软件编程的顶尖人物，对围棋学习与训练方面会有许多不同于其他围棋老师的教学观点和理解，但让丁伟觉得收益最大的体现在两个方面：一个是子效的分析；另一个是大局观的形成与分析。在俞斌的指教下，丁伟的棋艺不断进步，性格变化较大，由以前的顽皮与随意变得越来越稳健，棋风也逐渐变得稳重与均衡。在1994年的全国少年赛上再拔头筹，在1995年的海峡两岸“中环杯”比赛上获得丁伟青年阶段的第一个颇具分量的冠军，在1997年的全国个人赛上再摘桂冠。丁伟取得的成绩，固然与他本人的天分和钻研用功分不开，但同时也充分说明俞斌的指导颇为得法，也颇具成效。

陆军教练回顾丁伟的围棋学习之路，觉得丁伟是幸运的，在国少队就能够拜俞斌为师，随后二十多年都得到俞斌的教育和指导，这也是大多数国少队队员极难遇到的。因为俞斌这一辈国手中能拿到世界冠军的也只有马晓春和他两人。

◆ 1997 年 10 月，丁伟获得全国个人冠军前，与众棋友在黄山旅游时合影纪念（自左往右：邵炜刚、刘世振、张璇、段嵘、袁卫红、丁伟、常昊）

附：俞斌主要战绩（冠军根据级别排列）

一、所获冠军：

2000 年，LG 杯世界冠军

1997 年、2003 年，亚洲杯冠军

1988 年、1992 年，新体育杯冠军

2000 年、2001 年，棋王赛冠军

2001 年，棋圣战冠军

2002 年，阿含桐山杯冠军

3 次围甲联赛冠军成员

2014 年、2015 年与芮乃伟搭档，蝉联“庐阳志邦杯”中日韩三国围棋名人混双赛冠军

二、所获亚军：

1988 年，首届“名人战”围棋赛亚军

1989 年，首届“棋王赛”亚军

1990 年，“大兴杯”围棋快棋赛亚军

1991 年，全国围棋个人赛亚军

1993 年，全国围棋个人赛亚军

1994 年，全国围棋个人赛亚军

1995 年，全国围棋个人赛亚军

1996 年，“大国手杯”名人邀请赛冠军，全国围棋个人赛亚军

1990 年，第三届“名人战”亚军

2002 年，第 5 届乐百氏杯赛亚军，第 15 届“名人战”亚军

2004 年，中国 CCTV 电视快棋赛亚军

从“中环杯”冠军到全国个人赛冠军

本节讲述丁伟围棋生涯的第一个高峰阶段的故事，主要发生在 1995 年到 1997 年之间。

这个阶段总的来讲分为三个年份，1995 年在告别少年时代后，获得了职业生涯的第一个冠军——“中环杯”；1996 年因为前一年的成绩而加入了国家队，但也因为有些骄傲而停滞不前，没有佳绩，乏善可陈；1997 年初经过反思，深刻体会围棋钻研犹如百舸争流，似逆水行舟，不进则退，故沉下心，鼓足劲，刻苦研，终回报，获得全国个人赛冠军。

第三届“中环杯”比赛自 1995 年 8 月 27 日至 9 月 2 日在北京举行。“中环杯”是由中国围棋协会、中华全国体育总会联络部和台湾中环股份有限公司共同主办的比赛，全称是“中环杯海峡两岸围棋交流赛”。1989 年举办第一届，1995 年举办第三届。第一届时因为有林海峰和钱宇平的对抗，比赛档次一度大升，影响巨大。

第三届比赛与前两届相比有两个改变：一是成绩的记录不再以海峡两岸各自组队的团体来算，改成以棋手个人为主体进行单淘汰制；二是中国台湾方面没有选派在日本棋院留学的棋手参赛，全部是地地道道的台湾本地职业高手前来北京。

双方参赛选手共十六人，分别是台湾五人：周咸亨四品、林圣贤四品、彭景华五品、杨志德七品、周俊勋八品（台湾围棋实行“九品制”，源于中国古代的品级，以一品最高）；大陆十一人：八段五位（汪见虹、郑弘、王元、杨晖、丰云），其他的是七、六、

五、四段的棋手，丁伟就是那个唯一的四段棋手。

据 1996 年的《中国围棋年鉴》记载：“台湾棋手在本次比赛中表现不俗，其实力绝非不堪一击。在第一轮比赛中，台湾棋手 3 胜 2 败，其中周咸亨胜罗建文，周俊勋胜吴玉林，林圣贤胜华伟荣。第二轮比赛，周咸亨力克王元，令人刮目相看。第三轮比赛，周咸亨与丁伟对垒，周咸亨前半局屡放凶招，杀得丁伟只有招架之功，但进入中盘后周却因几步大失水准的缓手而功败垂成。”“比赛结果，参赛年龄最小的丁伟四段先后战胜杨志德、郑弘、周咸亨和丰云四位强手而夺得了冠军，丰云八段获得亚军。”

对于丁伟而言，参赛的四轮比赛中压力最大的是第三轮对周咸亨的对局。周咸亨在第二轮与王元对垒时，双方寸土必争，针锋相对，总共大战 318 手，最终周以 3/4 的微弱优势取得胜利。接下来，周准备乘着胜利的东风一举把大陆段位最低、年龄最小的丁伟击败，然后挺进决赛。因此丁伟迎来一场恶战。笔者把丁伟与周咸亨的那一局对垒进行了认真的复盘，感觉周咸亨确实比较凶悍，丁伟在自己的第 7 手抓住时机尖冲对方大空时，周采取了非常强硬的攻击手段对丁伟第一块分投的棋发动猛攻，一时间丁伟被逼得有些慌乱，但丁伟凭着自己的韧性和棋艺顶住了周的三板斧，进行步步反击，后期敏锐地发现对方有一块棋尚未存活，而对方居然没有发现，到另一个方向来了一个二路后手扳，丁伟立即抓住时机歼灭了那一块，迫使对手中盘认输，双方总共下了 134 手。接下来进入了与丰云八段的决赛。

◆比赛中，丁伟全神贯注

与丰云八段的决赛，丁伟与第三轮一样也是执白，同样走的是两个星位，在双方大场占得差不多后，白在双方的第20手挂角，之后立二拆二，并不觉得吃亏。最后通过打劫吃掉对方靠边的一块棋，基本确定胜局。双方最后总共下了202手，黑子中盘认输。

通过这两局棋，我们可以看到：丁伟属于实力派选手，他的棋风是属于力战型，当对手也是力战型时，他的胜率比较高，与他的师傅俞斌几乎一致。

获得冠军，丁伟自然十分欣喜，但他比较低调，非常谦虚地说："我有幸能参加这次比赛，感到很高兴，这对我来说是一次非常好的锻炼机会。"

到1997年5月，年满18岁的丁伟已正式进入青年时代。同年9月29日至10月12日，全国职业棋手迎来了当年人数最多的职业比赛——全国围棋个人赛。在全国个人赛举办之前，3月22日至4月5日浙江杭州举办了"富春杯"全国围棋段位赛，参赛的有段位棋手达到120人，多为现役年轻棋手，他们除了对升

◆ 1996 年，陪同大师吴清源在北京，大家共同讨论依田纪基与刘昌赫在应氏杯决战上的一局棋（左一为吴肇毅，左二为丁伟，左三为郑弘，左四为吴清源，左六为刘晓光）

段有渴望，对个人积分的增长欲望更为强烈，因此，整个比赛始终紧张激烈。丰云经过 11 轮的激战，以优异的成绩稳升九段，成为我国实行段位制以来产生的第二个也是世界上第二个女子九段（第一位是芮乃伟），七小龙里的邵炜刚（生于 1973 年）、常昊（生于 1976 年）升为八段，周鹤洋（生于 1976 年）升为七段，而丁伟通过努力奋战，获得全胜，是当年所有选手中唯一创下了不败记录的，顺利升为五段，可见丁伟在当年的同段位升段棋手中，其实力是占据了绝对优势的。根据后来的经过改革的升段制，获得国际比赛冠亚军的选手可以跳升，最多可以由二段、三段直升九段，那么参照这个规则，对升段赛里获得全胜者，至少应该可以连升两段。顺便说一下，云南当年参加升段赛的段位最高的棋手是段嵘，他参赛前就已经拥有了六段的资格。

升段赛的全胜，是否会对半年后举办的全国围棋个人赛的成绩有所预示呢？！

就在升段赛结束不久，第 9 届“亚洲杯”电视围棋快棋赛，于5月12日至15日在韩国庆州市举行。中日韩三国各有两名代表参加，加上上届冠军李昌镐九段，共七名棋手参加了角逐，规定30秒下一手棋。中方两名棋手是聂卫平和丁伟的师傅俞斌九段，聂卫平第一轮战胜老对手韩国曹薰铉，但第二轮输给日本王立诚，未能进入决赛；俞斌第一轮战胜日本小林光一，第二轮直接与当时的世界围棋第一人李昌镐激战，双方共下185手，俞斌中盘获胜。第三轮的决赛是在俞斌与王立诚之间展开，双方下了209手，俞斌发挥出了较高水平，仍然是中盘获胜。俞斌九段笑捧“亚洲杯”。《中国围棋年鉴》评价俞斌九段“在比赛中基本无大差错，标志着中国棋手的快棋水平，也上了一个新台阶”。对于1996年世界冠军奖牌颗粒无收的中国围棋界，俞斌九段为中国围棋增光添彩了不少。

1997年注定是中国的大喜年，7月1日香港回归，举国上下欢腾庆祝，各行各业都振奋精神，努力干好本职工作，迎接香港重回祖国怀抱。丁伟在获得“中环杯”冠军后，经过一年多的厉兵秣马，也希望在1997年创造更好的成绩。终于，在金秋时节，他迎来了自己职业围棋生涯的第一个高峰，参加全国围棋个人赛。

当年的全国围棋个人赛在安徽省安庆市举行，命名“安达尔杯”，时间定在国庆节前后。丁伟说那年参加全国个人赛之前的一个多月，刻苦精进的情景仍然历历在目，记忆犹新。用他的话来说，赛前的一个多月，为了迎接全国个人赛，他的24小时只做三件事，即摆棋、吃饭、睡觉，心无旁骛，全神贯注，其中重点研究两个人的技战法：一个是有“曹燕子”和“快马柔枪”之称的韩国曹薰铉的出手致命着法，特别学习曹大师善于发现对手的薄弱之处，能够准确出击，给对手以重创，“踢出”自己一片新的天地；另一个是有“石佛”和“神算子”之称的李昌镐，特别是研究他的官子功夫，日复一日，三十多天没有间断。由于基础扎实，加上风华正茂、记性超好，专注努力，使得围棋技艺有

◆ 1997 年 11 月，获得全国冠军后，回到楚雄和家人团聚留影（左一为丁伟）

了质的提高。

当年持续了约半个月的全国围棋个人赛，男子棋手共68名参赛，包括4名九段高手，在强手如林、高手如云的情况下，丁伟抱着学习和锻炼的积极心态参赛，面对“六大弟子”和众多高段棋手，他定下了“力争前六”的目标，认真对待每一盘棋，赢棋了不骄傲，输棋了不气馁，每次比赛结束以后都以比较放松的姿态该干嘛干嘛。丁伟还记得，比赛期间，到了最后的阶段，许多棋手显得有点紧张。一次，丁伟和邵炜刚、常昊、刘菁等棋友一块儿出去吃早餐，大家都买了一个大馒头吃，但其他人都觉得馒头不好吃，除了丁伟以外，其他人都没吃完，但丁伟吃完后，居然又去买了一碗面吃。大伙看到丁伟一点也不着急，而且食欲那么好，都觉得这次丁伟比赛的心态挺不错。最后丁伟拿到全国个人赛男子冠军，大家回忆他那段时间的心态和表现，都觉得他夺得桂冠并不奇怪。

那届全国围棋个人赛，男子组采取的赛制为积分编排淘汰制，淘汰从第四轮下完开始，每轮最多淘汰六人，共赛11轮。经过激烈竞争、龙争虎斗，最终邵炜刚八段尽管局分以20分居最高，但因丁伟五段小分高出邵炜刚30分，第一次在全国比赛中出现第一名局分少于第二名的现象，由丁伟获得冠军，邵炜刚、董彦、王磊、罗洗河、常昊分获二至六名。这届女子冠军是徐莹，她也是因为小分高而获冠的。

在当年出刊的第12期《围棋天地》的封面，刊登了丁伟的大幅照片，旁边配有“全国个人赛丁伟一鸣惊人”的文字，内页刊登了由吴玉林六段写的《第七条小龙——丁伟五段》的文章，吴教练首先肯定了小龙辈在今年取得的优异成绩，然后对丁伟进行了比较全面的介绍，特别是对丁伟在围棋道路上一路走来的成绩与艰辛花了不少笔墨，文末对丁伟获得冠军后的表现是这样写的：“得了冠军后的丁伟并没有喜形于色，还是那么谦虚。他说‘这

◆ 1997 年 10 月获得全国冠军时《围棋天地》第 12 期封面刊登丁伟的大幅照片

次比赛自己很幸运，实际水平还没到，自己所高兴的是找回了自信，对追赶六大弟子有信心了’。”

丁伟18岁就获得全国个人赛冠军，以及后来他在20岁时获得全国个人赛的亚军，这对云南围棋界而言是破天荒的事，是丁伟用功刻苦的结果，也是代心泉教练、陆军教练、吴玉林教练、俞斌九段等教育的结果，同时也是云南围棋界的骄傲！

◆ 1997年12月，在昆明参加“牡丹杯”围棋邀请赛，与王煜辉对局中

四段到九段：也许是我国最后一个逐级登顶的九段

丁伟于 1996 年进入国家队，作为国家队的正式队员，由国家体育局发工资和享受国家相应的保险待遇，直到目前（2017 年）而言，丁伟是最后一个。因为后边的队员，即使名单列入了国家队，但关系都不再转入国家体委，而是留在各个省市体育局，每次征战根据成绩来组队代表国家出战。

丁伟由四段升到九段，是从 1995 年开始，完成于 2007 年，具体是 1997 年升上五段，1998 年升上六段，1999 年升上七段，2001 年升上八段，2007 年升上九段。

1997 年是丁伟围棋之路的一个高峰，先是在 5 月的升段赛里，以同段位棋手中唯一的 12 局全胜的战绩轻松升上五段，这个记录也是当年升段赛棋手中唯一的。与丁伟同时升为五段的还有张欣、林潮华、陈瑞三人。后来丁伟在同年 10 月的全国个人赛上拔得头筹，只是可惜当时没有对升段赛制进行改革。针对男子，对获得比赛全胜者应该连升两段，至少应该另外奖励等级分；对获得全国比赛个人冠军的棋手也应该在原来段位基础上给予升一段的奖励，直到八段封顶。直升的规定不仅针对国际赛事，对于国内赛事也应该有所考虑，因为国内比赛也是极为残酷和激烈的。本人觉得，从小就投身于围棋运动的选手很多，但升到九段的选手却屈指可数、寥寥无几，这对许多选手而言是多么残酷又多么遗憾！比如长期为国效力的围棋国手王汝南、方天丰、王元、刘菁、王磊、胡耀宇等等。当然，一方面是他们自己的水平有一定不足；另一方面是越往上，高段位参加升段赛的选手就越来越少，越难

◆与国家队众棋手研讨围棋战术（手拿棋子者为丁伟）

达到对局数和相应胜率；还有一个很关键的原因，是升段制度改革的步伐太慢，没有跟上时代的车轮，如果早点改革，等级分早点与段位制挂钩，可能中国围棋普及的事业还可能得到更大规模的提升。段位直升制度的实行，使很多棋手享受到这个制度带来的好处，从某种程度来看，这还得感谢韩国国手李世石。

丁伟由五段升到八段的过程，在没有实行升段制改革的时代，与其他同龄中国棋手相比，是十分罕见的，也算是特别顺利的了。

从等级分来看，截止到 1998 年 3 月底，五段的丁伟在中国职业棋手等级分排名表中进入前 15 名，排第 14 位。因此，从 1996 年丁伟进入国家队，两年多的时间就能进入 15 强，进步确实是很快的。到 1999 年 4 月底，六段的丁伟在过去的一年里，位次没有变化，仍为第 14 位；但到 2000 年 4 月底时，七段的丁伟就进入十强了，排名第 9 位；到 2001 年 12 月 31 日时，八段的丁伟等级分位列全国第 7，在常昊、马晓春、周鹤洋、王磊、孔杰、古力之后。

丁伟升为六段，是在 1998 年 7 月于太原市山西省体育宾馆

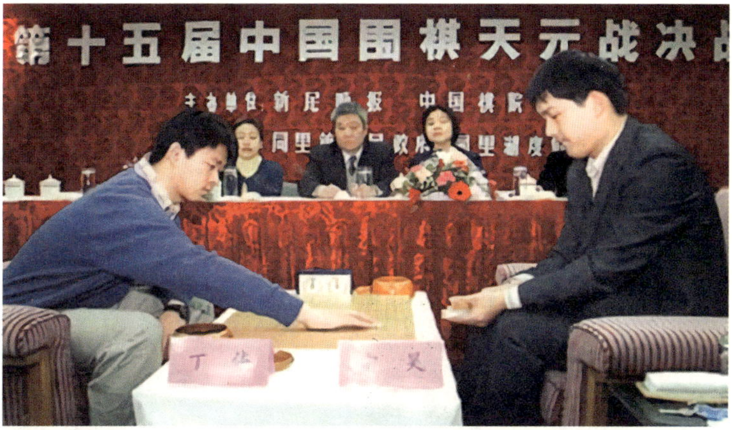

◆ 2001 年 3 月 5 日，在江苏省同里镇参加第 15 届天元战决赛，此为与常昊决赛五番棋里的第二局（左为丁伟）

举行的“金广大厦杯”全国升段赛上获得的。这次比赛参赛的男女棋手共有 263 人，定段棋手 154 人，是截至当年规模最大的一次全国段位赛。当年与丁伟同时升为六段的还有董彦、余平、李豫川三位。

丁伟升为七段和八段，虽然是在不同的年份，但当年升七段和八段的，在全国范围内都只有丁伟一人。丁伟升为七段是在 1999 年 7 月于北京裕新奇然酒店和汪见虹围棋俱乐部分部举行的全国围棋段位赛上获得的。这次参赛单位和棋手与前一年相比又创新高，“报名单位猛增到 42 个，参赛棋手总计达到 320 人，是历届比赛人数最多的一次。”（《中国围棋年鉴》2000 年版 201 页）可见升段竞争是非常激烈的，非得极为过硬的功夫才能上升。“今年升段组和定段组的比赛，均未有人能够保持不败，足见水平接近，竞争激烈。”（《中国围棋年鉴》2000 年版 201 页）

丁伟升为八段，是在 2001 年的全国升段赛上获得。比赛于 7 月在天津市大港举行，报名参赛单位增加到 47 个，参赛棋手总数达 448 人，创历史最多纪录，但七段无人升上，升上八段的也

◆ 2007 年 3 月，云南举办“六大茶山杯”中国围棋邀请赛，丁伟（右一）与王磊（左一）对战中。除了围棋名手以外，还有影视界的导演田壮壮（右二）、演员李雪健等应邀前来

只有丁伟一人。可见，越往上升，对局的选手越少，升段的可能性就越小。

丁伟从八段升为九段，过了六年的时间，到了 2007 年才实现。期间因为非典以及身体的原因，有两年没有参加升段赛。其实，从 2002 年开始，参加升段赛的职业五段以上的棋手就越来越少，原因有二：一是在 2002 年，中国围棋协会就将段位奖励形成了制度（即直升制），规定凡在双边国际对抗赛中获胜者，可以一次奖励到七段。凡获得世界职业赛冠军或两次亚军的男棋手一次到九段、女棋手到五段。在这种情况下，很多五段以上高手不愿再参加漫长的升段赛；二是“由于升段赛赛程密集，竞争激烈，高段棋手参加比赛不但没有对局费，还有亏损等级分之忧，因此近年来六段以上的高段棋手越来越多地选择放弃参加，比如王磊八段、刘菁八段等都已经很久没有出现在升段赛赛场了，八段棋手中目前实力最强、状态最好的胡耀宇今年也没有出场。事实上，报名参加2007年升段赛的只有邱峻和丁伟两位八段。"（2007.07.19《北京晚报》）丁伟不但一直参加升段赛，并且能够保持较高的胜率。当记者问他是什么原因时，他说："参加升段赛能够与水平相当的棋手下十几盘高密度的对局，是一种很好的锻炼。"

2007年7月17日，在武汉举行的全国围棋升段赛结束了第六轮的比赛，丁伟八段执黑中盘击败李康六段，达到了晋升九段的胜率标准，成为云南第一位九段棋手，同时成为了中国棋院第28位九段棋手。这成为当年围棋界的一件大事，成为仅次于常昊夺取三星杯的喜讯，引起众多媒体的关注，并且以"网络英雄'龙飞虎'终成正果，升上九段"为题进行报道。当然，丁伟升为九段之所以如此引人注目，不仅因为他是五年来第一个通过升段赛成为九段的棋手，还因为他可能是通过升段赛逐级升到九段的最后一名棋手，更因为他的网络大侠"龙飞虎"的身份。

丁伟从1992年定段到2007年升到九段，前后花了15年时间，这在中国围棋界十分难得，也是许许多多的棋手梦寐以求的目标，只是从八段到九段时间稍稍长了一些，如果能在2002年获得就更完美了。围棋界许多人都知道，2002年只有罗洗河一个人升上了九段。5年后回忆起当年的比赛，丁伟对前来采访的《腾讯体育》的记者聊起了一段他与小猪罗洗河的生死斗，他淡然地说道："2002年，我和罗洗河都想升段，而我们俩又狭路相逢了，他正是赢了我升为九段的。那盘棋局势原本是我有优势，但是罗洗河在呈现劣势之后频频长考，足见他对九段的渴望，这反而让我越来越不会下棋了，最终输掉比赛。我放生了罗洗河成为九段，他应该感谢我，哈哈！"本人觉得这也是他俩网络故事的继续，也算"龙飞虎"对罗洗河的一次退避三舍吧。如今十多年都过去了，都成为了过眼云烟，也成为网络上的一段佳忆。

丁伟成为中国历史上第28个围棋职业九段，那一年丁伟也正好28岁，他为云南人民增光添彩，成为云南围棋界的骄傲，我们确实为其感到十分自豪，因为到今天为止，还有不少省份，如湖北、陕西、安徽、广西等等都还没有职业九段呢！像他一样通过升段赛来升为九段的棋手，多半是中国围棋界最后一个。因为后来高段棋手升段的主要渠道变成了这样两个：一是靠等级分；二是靠国际大赛获奖直升。

◆ 2007年8月，“永城杯”第20届中国围棋名人战的八强赛，着汉服与李康对弈

◆ 2007年12月，丁伟获中国第二十届名人战亚军

六 网络传奇“龙飞虎”

网上练棋与网名“龙飞虎”

20世纪末，随着网络的普及，各种各样的网站也如雨后春笋纷纷涌现，风起云涌，其中关于围棋娱乐的网站也开始出现，影响最大的是创建于1998年的“联众”，之后围棋网站以惊人的速度发展，到1999年年初，中国围棋协会在因特网设站，及时发布最新棋谱、棋讯。职业、业余棋手争先恐后上网获取棋讯，寻找对手。围棋“网虫”成倍增长，首先是业余选手在网络围棋赛场上十分活跃，颇出风头。当年年中世界围棋网出世，旋即主办了网上棋手大赛，数千人参加，掀起一波又一波浪潮，搅得职业棋手也心痒痒，不断有人挽起裤脚，还有人换上泳衣，或走入或游入围棋的“网洋络海”之中，比如江铸久、芮乃伟、俞斌、罗洗河、余平、徐莹等人逐渐成为网上常客，他们或与网友聊天，或“教训”一下“不知天高地厚”的业余棋手，或认真辅导少儿棋手，大受欢迎。陈祖德九段7月抽出时间首次通过网络辅导南京棋童被传为佳话。中国的第一个世界围棋冠军马晓春也“迷”上了网络围棋，上网接受世界棋友的挑战。聂卫平也跟风，在网上展开了授3子的“世纪对局”。（《中国围棋年鉴（2000）》P16~17）1999年年底又出现了“清风”网站。“清风”与“联众”经营范围有很大的不同，“清风”除了围棋以外全不涉及，但“联众”除了围棋以外，还有中国象棋、国际象棋、五子棋、四国军棋、扑克、麻将等等，娱乐种类包罗万象，俨然一个游戏大世界，它是我国第一个大型网络游戏网站。由于娱乐门类齐全，人人都可以在其中找到自己喜欢的活动；人们足不出户、不受天气影响，

◆深思中

方便又不用奔波；不用花精力时间去邀约对手，避免了吃闭门羹的不愉快经历；因为看不到网络对手的脸貌，看不到其输棋痛苦的样子，可以忽略对手的痛苦感受，尽力厮杀，使技艺水平得到较大的提高。

除了娱乐以外，网络当然还有更多的功能，对于丁伟而言，一方面可以从网络上看到世界上最新的棋坛新闻，了解世界棋坛大师的竞技动态、对弈发展方向，各类棋战的胜负消息；另一方面可以迅速获得对战棋谱，学习世界最新的竞技战术，训练和提高自己的实战水平；再一方面可以让远在云南的父母亲在网络上欣赏自己下的棋局，利用网络带来的方便，尽尽自己的孝心。丁伟在1997年获得全国冠军时，其母亲已从大姚调到楚雄州中医院，在医院分到一套位于五楼的住宅，父亲因为脚病渐渐加重，又住得比较高，独自下楼极不方便，便很少出家门，生活也感到苦闷和单调，若能在网上观看到丁伟下棋，那对于父亲而言是一种多么大的享受！

丁伟是个孝子，为了尽快让父亲多一些快乐，他在“联众”注册了账号，又在“清风”注册了网名为“南云”的账号，后来按照父亲的意思，在“清风”又注册了“龙飞虎”。那时，职业棋手在网上练棋的其实并不多，不像今天，许多职业高手都会在网上练棋，古力、柯洁在网上练棋是许多棋迷都知道的。现在的网络发展与十多年前相比已不可同日而语。2016年3月，当时世界排名第一的李世石与AlphaGo人工智能机器人大战五个回合，四败一胜；2017年5月，世界围棋第一人柯洁再次与AlphaGo人工智能机器人大战三个回合，结果全败。而2000年前后，限于当时科技发展的条件，一方面拥有对弈功能的围棋网站还比较少，基本还找不到能与人类稍稍对抗一下的软件；另一方面进入网站下棋的绝大多数都是业余棋手，职业棋手还是比较少的，而高水平的职业棋手就更是凤毛麟角。职业棋手白天都在学习文化以及在棋院与队员练棋，或者为大赛备战，因为训练特别伤神，也比较辛苦，有时偶尔还觉得枯燥、无趣，所以等到课余时间可以休息了，对进入网站对弈都不太感兴趣了。但丁伟进入围棋网站，更多地是完成一个儿子的责任和义务。

“龙飞虎”网名是父亲所起的，之所以定下这样一个名称，有两个方面的原因：

一是因为父亲以前看过《西北高原帅旗飘》《跟随周副主席长征》，作者就是主人公，名字称为“龙飞虎”，先在红军中当侦察兵，后来当过毛泽东、周恩来等同志的警卫员，忠勇正直，胆大心细，英勇顽强，机智灵活，在许多战斗中屡立战功，几乎成为一个传奇人物。新中国成立后当过福州军区副政委，被授予少将军衔，深得军人敬佩。

二是从丁伟的年龄角度出发。即将进入新世纪时，大约在1998年前后，人们逐渐把国内不同年代的棋手分为“小龙辈”“小虎辈”“小豹辈”等等，把二十世纪七十年代出生的七位高水平棋手称为“七小龙”，二十世纪八十年代出生的称为“小虎辈”，以古力、孔杰、胡耀宇、王檄、邱峻、刘星和谢赫等为代表，将再往后约二十世纪九十年代初期出生的称为“小豹辈”，以陈耀烨、周睿羊、朴文尧、李哲、江维杰、古灵益、王垚等为代表。丁伟生于1979年，进入国家队以后，就被棋界记者列入“小龙辈”。“小龙辈”的七位高手是常昊、邵炜刚、周鹤洋、罗洗河、王磊、刘菁、丁伟，七人中丁伟年龄最小，1979年为70年代的末尾了，紧紧接着80年代的“小虎辈”，处于两辈的过渡阶段，因此，父亲就起了“龙飞虎”这样一个网名，感觉很有诗意，寓意也比较美好，希望丁伟也能创造“龙飞虎”一样的传奇，成为竞技场上的英雄。

有人从围棋的角度出发，探讨了“龙飞虎”这三个字的含义，“龙”是围棋对弈中经常出现的现象，棋手常常说大龙、小龙、屠龙；

“飞”就是一个围棋专用术语，学过围棋的人都知道大飞、小飞，以及飞攻、飞罩、飞靠等等；“虎”与“飞”都同是围棋专用术语，如对弈常说的单虎一子，双虎等。由此可见，“龙飞虎”这三字，也被深深打上了围棋的烙印。

今天看来，这个称谓似乎是为丁伟量身打造的。当时丁伟也没多想，既然是父亲起的，那就在“清风”网先用着，“南云”的网名就用得很少了。

◆ 1993 年，与吴玉林教练（左二）、常昊（左一）合影（右一为丁伟）

踏入清风（一）
轰动江湖：成为清风第一高手

中国的职业围棋网站，从最初接触围棋的“联众”，到后来层出不穷的其他网站，达数百家之多，但其中最值得大书特书的既不是“联众”网，也不是其他的一些门户网站，而是“清风”网。为什么呢？诸多职业围棋网站中，“清风”创造了国内围棋网站的几个第一：它是第一个专门经营围棋的网站，其他棋牌皆不涉及；它是第一个由八名职业围棋高手，其中包括五名八段以上的国手共同投资创建的网站，在国内外应该找不出第二个；它是最早在围棋界引进网上对弈功能的网站，2000 年就开始网上对弈；它的专业高度与影响力长期处于第一，网站每天都有巡场以及指导（辅导）的人，包括一个九段，四个八段，一个六段，两个五段等八人，还有一个关键是，“清风”产生了中国围棋网络中空前绝后的“龙飞虎”传奇。尽管“清风”网也只存在了 3 年的时间，但它对中国围棋网络事业的推进是无法代替和超越的。

“清风”全称“清风围棋俱乐部有限公司”，于 1999 年 12 月注册，次年（2000 年）年初推出“清风网”，同年 5 月，与韩国最大的围棋网站 Neostone 进行合作，开创了国内最大的围棋对弈平台，经营渐有起色，开始逐渐占领中国以及韩国部分围棋业余棋手的网络市场，经常性上线的注册会员达到数十万，每天在线对弈者最高时有 5000 人左右。“清风”网的八大合伙人是：邵炜刚九段、周鹤洋八段、罗洗河八段、刘菁八段、王磊八段、余平六段、黄奕中五段、邹俊杰五段（后来有出有进），他们被称为“清风八杰”。前五位都是“七小龙”里的“五条龙”，“七

◆丁伟在比赛中，全神贯注

小龙”里只有常昊和丁伟没有加入，常昊是因为成家之后忙于家庭建设，除了围棋训练和比赛以外，剩余精力都付予安乐窝，无暇他顾；而丁伟没有加入的原因主要有两个：一是当时自己对网络运作不熟悉，没有感觉，不敢贸然涉足；二是打算把更多的精力投入到围棋训练和比赛上，争取技艺得到早日提升，在棋坛上取得更好的成绩，向九段的目标早日迈进。

2000 年，是中国围棋界特别热闹的一年，共有三件大事让中国棋迷热血沸腾，欢呼不已。第一，在世界大赛上，阔别五年之后，俞斌为中国棋迷争到了 LG 杯，夺得世界棋王赛冠军，成为继马晓春后第二个拿到世界围棋比赛冠军的杰出人物。第二，曾经难以撼动的“石佛”李昌镐，被周鹤洋、孔杰击败，尤其是周鹤洋三战三胜，100% 的胜率来之不易，极大地鼓舞了国手们战胜李昌镐的斗志，多年来积压在中国棋迷心头的一块大石头被暂时搬开；第三，网络上出现的“龙飞虎”传奇，无意中被网络炒得火热，这个传奇所带来的影响远远超出了所有人的想象！

2000 年是中国农历的龙年，不仅是“小龙辈”里最小“龙”丁伟的幸运年，也是其师父以及云南围棋界的幸运年。除了丁伟取得不俗的战绩外，他的师父俞斌，还有云南棋手段嵘、王垚，以及云南队在甲级联赛的比赛都取得好的成绩。俞斌在这一年 5 月首先获得第 4 届世界棋王赛冠军（LG 杯），接着在 11 月又获得第 7 届中国棋王赛冠军，后来还获得 2000 年开赛的第 3 届中国棋圣赛冠军。段嵘顺利升为七段，这时云南同时有了陈明川、丁伟、段嵘三个七段。王垚也顺利升上四段，并且在第 7 届中国围棋棋王赛中取得不俗战绩，接连打败了段嵘六段（段位赛前）、张文东九段、聂卫平九段、张璇八段，最后负于孔杰四段。云南队在当年的全国围棋团体甲级联赛中，王磊、丁伟、王垚等队员与其他 11 个队奋力厮杀，终于获得亚军，这是云南队长年来在甲级联赛中获得的最好成绩。

到2019年，丁伟的职业围棋棋手的生涯以1986年进入云南省少棋班为标志，已经33年了，在这33年的时间里，丁伟对中国围棋影响最大的是2000年，这一年丁伟21岁，上一年已升为七段，他当年主要在两个方面对围棋界造成影响。

第一方面是在职业比赛中取得不俗的战绩，主要获得两个国内亚军、一个国内冠军，还有一次打入世界四强。具体如下：第一个亚军是2000年1月22日，在第三届新秀杯超快棋围棋赛中，与许书祥决赛，获得亚军；第二个亚军是2000年2月22日，在第七届中国围棋新人王赛中，与刘世振决赛，结果败为亚军；获得的一个冠军是2000年4月23日，在CCTV杯中国围棋电视快棋赛中，一路上可谓险象环生，经过奋力拼杀，过五关斩六将，先后打赢了李永刚四段、刘菁八段、张文东九段、古力四段、马晓春九段，最后与罗洗河八段进行决赛，结果胜为冠军。

一次打入世界四强，这是丁伟个人在世界围棋个人赛的最好的成绩。据《中国围棋年鉴（2001）》15页所载：“龙年世界大赛成绩表显示：俞斌荣获第4届LG杯杯主，常昊夺走第13届富士通杯亚军及第4届应氏杯亚军，马晓春夺得第2届春兰杯亚军，孔杰、俞斌、丁伟分别打入世界四强，这些佳绩超过1999年。”5月28日至31日，在韩国的庆州市举行的第12届亚洲杯电视围棋快棋赛，按照传统赛制各国的电视杯赛的前两名再加上上届冠军共7人进行比赛，丁伟七段战胜日本的今村俊也九段，进入第二轮，与曹薰铉、李昌镐、依田纪基同为四强。

第二方面是丁伟飘入“清风”网，无意中成为了神秘的“龙飞虎”，搅得天翻地覆，然后扬长而去，不知所踪，创造了一个网络神话。

在清风网成立不久，一些业余棋手也随之相继成立了不少棋友会，但清风网有个规矩，棋友会的参加者除了网名外还必须向网站提供其真实姓名。可当时一个叫“龙虎门”的棋友会成立时，

2000 年第三届新秀杯超快棋赛决赛

许书祥 [VS] 丁伟　丁伟执白　负　共 307 手　2000 年 1 月 22 日

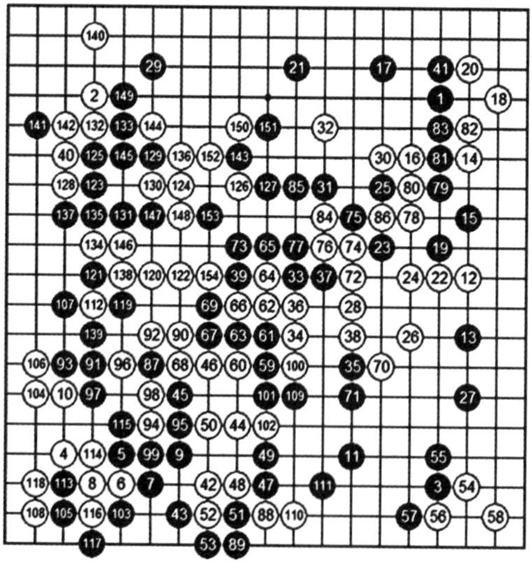

谱一：1–154 手

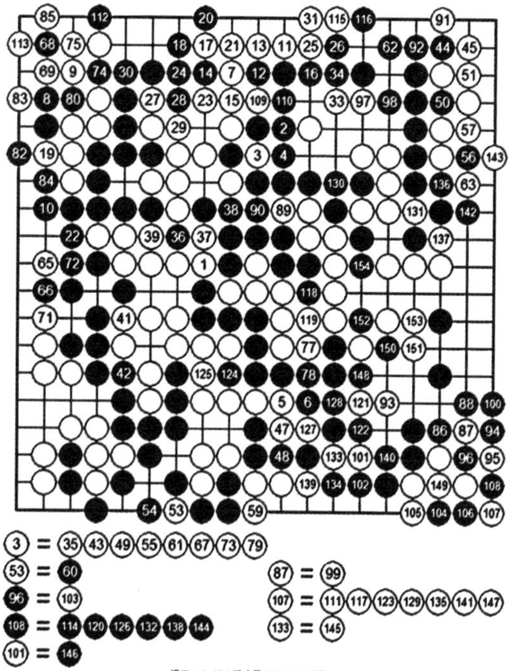

谱二：1–154 手（及 155–307 手）

2000 年第七届新人王赛决赛

刘世振 [VS] 丁伟　丁伟执白　负　共 264 手　2000 年 2 月 21 日

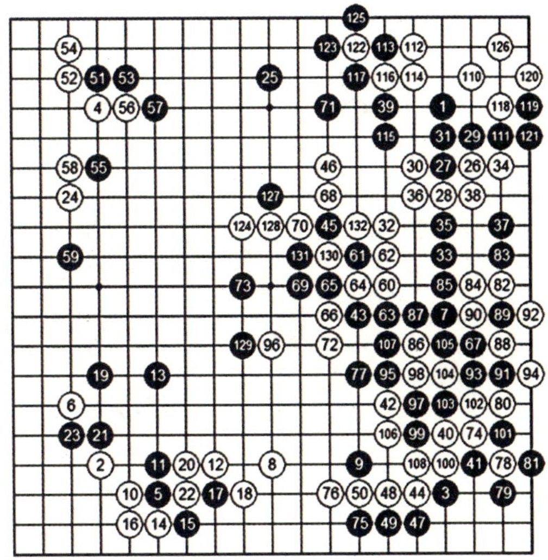

98 = 109

谱一：1-132 手

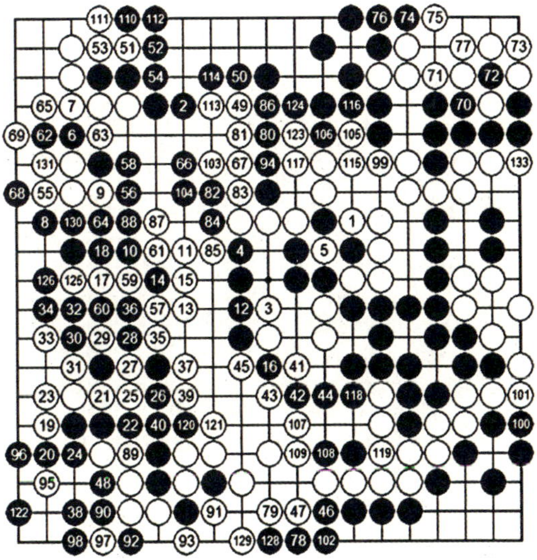

14 = 127

谱二：1-133 手（及 133-264 手）

2000年CCTV快棋赛半决赛

马晓春[VS]丁伟　丁伟执白　胜　共244手　2000年4月16日

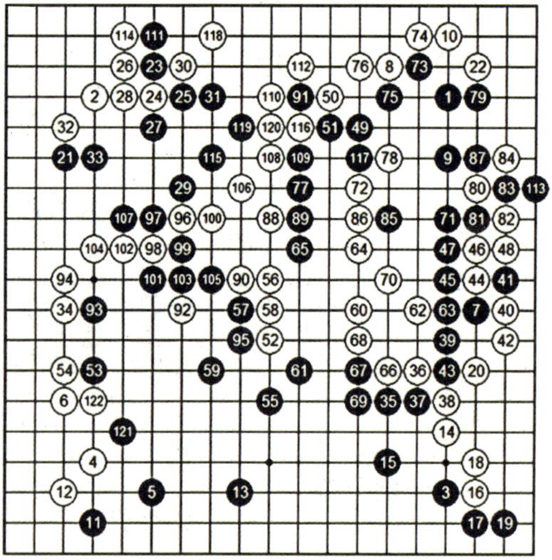

谱一：1-122手

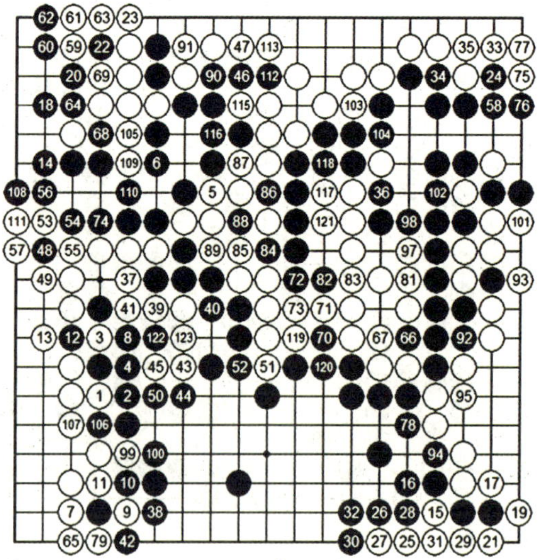

⑨=❽⓿　③=❾❻

谱二：1-123手（及123-244手）

2000年CCTV快棋赛决赛

丁伟[VS]罗洗河　丁伟执黑　胜　共241手　2000年4月23日

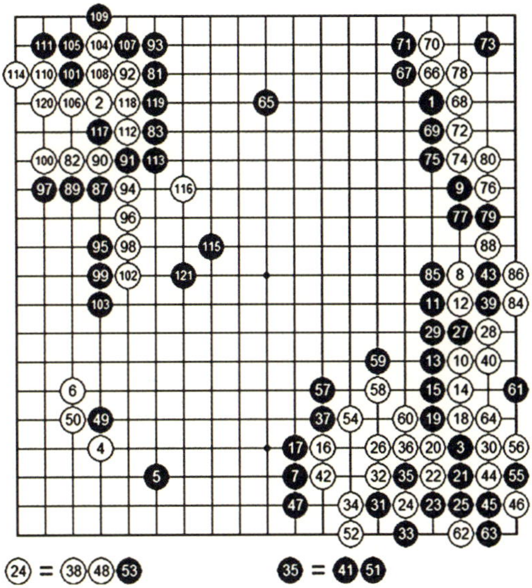

谱一：1–121手

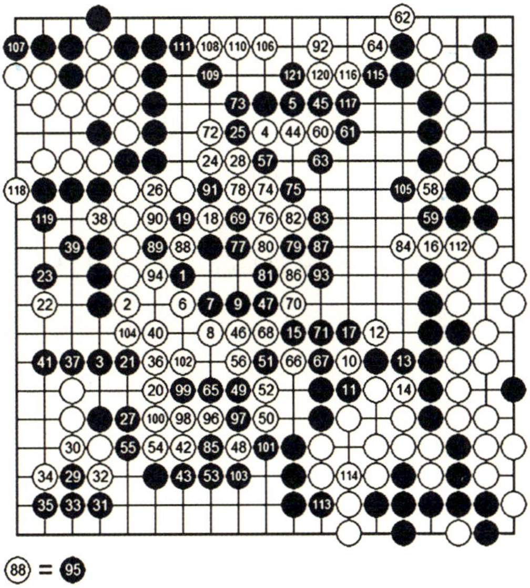

谱二：1–121手（及122–241手）

组织者就恳求网站能不能允许他们保留一两个参加者的“隐私”，不提供出其真实姓名。反正都是业余棋手，能翻起什么大浪来？网站也就没再刻意要求。于是在“龙虎门”棋友会成立的第二天，“龙飞虎”便神秘地出现了，他“观望”一番后毫不犹豫地加入该会。

PDK 是什么意思？那是围棋网站里的水平高低的称谓，P 是指职业段位，8P 就是职业八段；D 是指业余段位，9D 就是业余九段; K 是指初段以下的围棋最低的初学的级位,级位的数字越大，表明水平越低，如 9 级水平就比 1 级水平差很多，与段位的顺序正相反。

按照清风网的规定，所有到“清风”注册的棋友，可以根据自己的水平自报段位，从 K 到 D，但最高只能报到 4D，要往上升，必须靠战胜的业绩累积，到了绩点就可上升，但败绩过多也会降级。同年 8 月份，丁伟忙中偷闲注册了网名为“龙飞虎”的账号，临时告诉父亲自己上网的时间地点。8 月底 9 月初，丁伟断断续续下了二十局棋，全部是干净利索的中盘胜，段位升到 6D。

丁伟网络段位在 6D 的时候，有一天他照常上网下棋，结果看到韩国的一位 9D 高手，网名为“see08”，此人棋力着实不弱，棋风剽悍，常以“目外”“高目”开局，着法强硬，常走一些过分无理的棋，但对手们常常束手无措，无可奈何。这一天，他来“清风”挑战，观者如堵，中国阵营里两名颇负声望的 9D 相继上去迎战，结果都是刚刚进入中盘，选手就被韩国“see08”的两只板斧一阵胡抡，竟一筹莫展，无法招架，丢盔卸甲，溃不成军，只得递上降表，败下阵来。接着，韩国“see08”趾高气昂，不断向中国阵营叫战。尽管中国的 9D 不少，但看到前两位老英雄被杀得无还手之力，思量自己也不是人家的对手，都只敢面面相觑，长吁短叹，高挂“免战牌”，忍声吞气，做了“缩头乌龟”。遭到中国非 9D 棋手的责骂也只好装聋作哑。偌大一个中国，难道就找不到一个棋手在“清风”战胜他？！丁伟作为一名职业棋手，本来不愿多与业余棋手对阵攻战，多来少去，因为那些都不是他的“菜”，只是为了让远在云南的父亲生活过得充实而富有生气，才飘入“清风”，抖抖筋骨，练练手脚。但看到目前这种状况，任何中国人都难以忍辱受屈，受人轻视。丁伟就打了两个字：“我上！”我方阵营心头一喜：有人来应战了！但定睛一看，才是6D，又心凉了半截——唉！又一个送“菜”的，没有什么希望。

但是，棋局的发展出乎中韩数百名观战者的预料，韩国的“see08”屡战屡败，使出浑身解数，但一直处于下风，毫无机会，只好俯首称臣，并表示心悦诚服。确实不得不服，因为双方连战了五局，韩国“see08”只有第一局在收官结束后数目输了18目半，其他四局都是中盘认输。这一天，“清风”网友开始敬称“龙飞虎”为“清风第一高手”。“龙飞虎”的美名开始在“清风”及中国围棋网络界传扬。网站记录这一天的日子是2000年9月4日。

韩国棋手中看到自己的棋友被杀得惨不忍睹，都不服输，有人就把这个失败的消息告诉了他们的一个偶像，也是他们的强大靠山，这就是名震天下的“怪童”睦镇硕。之所以称他为“怪童”，主要有三个原因：一是长得不寻常，个子较小，还带着一副上千度的厚厚的眼镜，显得有点怪；二是韩国棋手中罕见的“中国通”，汉语说得非常流利，喜欢唱中文歌，特别喜欢看香港女演员周慧敏演的片子，多次自费来华，又多次代表韩国队出战，与中国国家围棋队的同龄人来往较多；三是在1995年，他刚刚打入初段，就作为韩国队的一名队员参加中韩围棋对抗赛，战胜了中国的聂卫平九段，后来常昊、邵炜刚都曾败在他的手里，有“李昌镐二世”之称。听到韩国棋手大败的消息，他不愿伤了棋迷的心，他必须为韩国棋迷出头。所以到了第二天，时为职业五段的睦镇硕就出现在“清风”网。正好丁伟也在，有人提议龙大侠与睦镇硕下一盘，立刻得到周边大多数人的附和，网络里的“龙飞虎”只应了两个字："可以。"接下来双方大战两个回合，丁伟在第一局完成屠龙，自己也伤亡一些，但实空大为领先，睦镇硕爽快认输，但他在第二盘扳了回来，最终打成一比一，双方平分秋色。这次中韩大战轰动江湖，成为围棋网站新的热门话题。

九月是丁伟在清风下棋最频繁的月份，在他与罗洗河过招之前，已下了 102 局，只输了 2 局，一局是输给睦镇硕，另一局是输给了一个耍赖的混混，早已打到 9D，在"清风"已经威名远扬。

踏入清风（二）
名震天下：一会罗洗河

丁伟自9月4日开始被誉为“清风第一高手”，一个月后的10月3日，“清风”网上，丁伟无意中与罗洗河的第一次相会，让“龙飞虎”的故事迅速升温，直达高潮，而且在网络内外带来巨大的反响，让丁伟大感意外，始料未及，仓促中的条件反射，无奈应付，结果让“龙飞虎”成为一个神秘人物，丁伟也背上了沉重的思想包袱，直到五年之后。事情究竟是怎么回事呢？

10月3日晚上，正好轮到“清风八杰”里的罗洗河八段值班，他是八大护法里值班次数最多的一位。为什么呢？一是因为他智商极高，除了下棋外，他拥有的爱好极多，其中最突出的一个就是喜欢玩电脑游戏。二是当时他还没有谈对象，作为单身青年，时间要更多一些。

罗洗河来到网站，照例巡视一番，见道场一切如常，就转到游戏室玩起了军棋。正当他玩得高兴时，一个网名叫“奇石”的职业初段找上门来，请求指导一局。“清风”建网的宗旨是：为围棋爱好者提供一个网络对弈的平台，推动围棋的普及，加强对棋友的网上培训与指导，希望能培养出更强棋手完成打败李昌镐的夙愿。（《中国围棋年鉴（2000）》第17页）罗洗河爽快地答应了“奇石”的请求。得知罗洗河下指导棋，机会难得，观战者迅速聚集达数百人。罗洗河虽然答应指导，但又没有放下军棋，一心两用，臭棋频出，后来见形势不利，开始认真对待，勉勉强强赢了“奇石”。但在下棋的过程中，一些棋迷觉得罗洗河是假的，不然怎么会下得这么吃力，纷纷嚷着要打假，这时一个声音平静地说："不可能是假的，即便是假的，也是极高的高手。"大家定睛一看，原来是"龙飞虎"发话了，那肯定没错。在指导棋的对局尚未结束时，就有人希望"龙飞虎"与罗洗河较量一番，让他们把握住这难得的机会好好学学高手的招数，也可以饱饱眼福。等到指导棋一结束，马上有人提议让"龙飞虎"与罗洗河下一盘，在场的大多数人也随声附和，起哄声嚷成一片。

"龙飞虎"应声表示愿意一战。罗洗河是职业八段，他当然也不会拒绝，况且在围棋的世界里他也没怕过谁！尽管他也听说过"龙飞虎"的名头，风闻"清风第一高手"的封号，但在他的心里，觉得业余棋手再厉害也就那样，毕竟还是"业余"的，难道还会比职业八段强？！

两人经协商，决定分先对局，三十秒一步。

罗洗河的绰号叫作"小猪"。

罗小猪与龙大侠对弈第一局时，也同样一心两用，还玩着军棋，因此很快输了。第二局、第三局似乎不在状态，也稀里糊涂地输掉了。他真正用心的是第四局，等小猪好不容易调整好心态，平静应战时，却没想到"龙飞虎"剑法酣畅淋漓，小猪的快刀竟然无法发挥，又是"龙飞虎"胜。看着四盘棋就这样莫名其妙地输了，小猪一下子傻了。众人当时虽看棋痛快，过后却是目瞪口呆，云里雾里，众说纷纭，纷纷猜测"龙飞虎"到底是何方神圣。试问可连胜小猪四局者，天下能有几人？

天下奇闻就这样产生了。当晚，一个职业八段的高手，竟然被一位业余棋手连赢四盘，像是天方夜谭，但又是真实发生的现实，瞬间传遍整个网络围棋界。还有人认为"龙飞虎"的所作所为等于砸了"清风"的场子。

以邵炜刚九段为首的其他七位护法，闻知此事后，觉得"清风"名誉大大受损，一齐跑来，向罗小猪大兴问罪之师。接下来第一个念头是要尽快找到"龙飞虎"，与他大战几个回合，好好地教

◆ 2006 年 1 月，天元赛八强战丁伟（左）与罗洗河（右）比赛中

训这个不知天高地厚的网络狂人，让他知道“清风”八杰的厉害，八大护法不是好惹的，国内一流高手的称号并非浪得虚名，尽快挽回“清风”的名誉。

接连几天，刘菁八段、王磊八段、邵炜刚九段、刘世振五段等人轮流值班，上清风网急切寻找“龙飞虎”的踪迹，以求一决雌雄，一解胸中郁闷！但是丁伟觉得这段时间不便露面，于是隐姓埋名，在“清风”外游走了 60 多天。两个月来，棋迷们谁若提及“龙飞虎”行踪，都会引起爆炸效应。仅以“清风”论坛为例，有一天一个棋友登了一则题目为“哈哈，‘龙飞虎’是……”的消息，引来清风兄弟疯狂点击，不成想内容却是“我也非常想知道”，令人哭笑不得。

众护法寻觅了几天，仍没有见到“龙飞虎”的身影，于是开始到现实中寻找，经过分析，确定“龙飞虎”一定是职业高手，就应该是中国棋院的同袍，把他们认为可能的人一一询问个遍，比如棋圣聂卫平、名人马晓春、曹大元九段、常昊九段、俞斌九段、宋雪林九段、钱宇平九段、杨士海八段、古力五段等等，但结果都是一致否认，让护法们绞尽脑汁而不得其果，这种滋味是既伤神，又无奈，还窝火！

那护法们怀疑过丁伟吗？确实也有人把丁伟从中国棋院的高手名单里筛过一遍，但认为他不可能，一方面他们知道丁伟曾经在“清风”注册了一个叫“南云”的网名，二是丁伟性格内敛安静，不喜张扬，勤于练习，当初邀约他共创“清风”网，他以练棋为重而婉拒。但是在四宰小猪的第三天，这件事情已经闹得沸沸扬扬，护法们提前到棋院，询问各位高手，那天丁伟刚进训练室，正好碰到邵炜刚，他随口就问丁伟：“老丁，‘龙飞虎’不是你吧？”丁伟这两天也在因为这件事而忐忑不安，但直觉告诉他——现在是不能承认的，因此他条件反射地回答：“怎么可能是我。”护法们也觉得不像，就没多想。

丁伟为什么没有去向众护法解释呢？其实，当时他的想法很单纯，就是去下棋娱乐，给父亲解解闷，也没想到会遇到小猪，更没想到会接受棋迷的提议与小猪对弈，但最意外的却是一晚上连下四局都把小猪赢了。丁伟确实没有做错什么，既然是对弈，总不能马虎对待，辜负棋迷的一片信赖，辜负“清风第一高手”的称号。对弈过程中是不能放水的，只能尽力把自己的棋下好，每个正常的棋手都希望能赢得胜利。后来为什么说丁伟去“砸”场子呢？这一点丁伟比较委屈，与其说丁伟去砸场子，不如说小猪没有认真负责地守场子，心不在焉地对弈，才导致大败的结局！因为从1999年、2000年初的等级分来看，小猪的排名要领先丁伟至少四名以上，棋力自然更强一些！当然，小猪不知道丁伟的职业七段的身份，这正是网络围棋的魅力所在，双方可以隐瞒自己的真实身份，用网名进行对弈，蒙面作战，别有一番趣味！

踏入清风（三）
事了拂衣去：二会三会罗洗河

时隔第一次与罗洗河相会，大战四个回合，无意中掀起轩然大波的两个多月后，丁伟认为寻找龙飞虎的风头已经过去了，才又上“清风”网，却不想又有了与罗洗河的第二次、第三次相会。

第二次相会发生在12月8日，丁伟仍然以“龙飞虎”的网名现身于清风，与许多关注他的棋迷聊天。小猪得到消息，立刻赶了过来，因为他等这一天已经等了两个多月。在这段日子里，小猪备受煎熬，他的输棋成为天下的笑谈，他常常闭门思过，细研四局棋谱，寻找战胜龙飞虎的方法，等到下次相遇好一雪前耻，挽回名誉。

对局室里已经聚集了数百人，看到罗洗河来到，有人提议：二位大侠既有宿债未了，今天是否做个了断？！

小猪是有备而来，早已跃跃欲试，龙飞虎自然也不能拒绝。于是一场好戏又开始了。这次小猪用的方法是以慢制快，因为上次他连输四局，就是太相信自己的快刀，没想到龙飞虎的剑法更快更狠。龙飞虎面对小猪新的战法，果然很不适应，犹豫调整之中，已连输两局。观战的数百人也为小猪的胜利感到欣慰，觉得今天的小猪才是真正的国手级水平，方显出英雄本色。

第三局龙飞虎站稳了脚跟，平和了心态，调匀了呼吸，走出自己的风格和章法，一把剑舞得虎虎生风，灵动飘逸，招招追着后脑勺。偏偏小猪赢了两局之后，也觉得自己没必要再收着快刀，缩手缩脚，小心翼翼，于是在他亮出快刀。挥洒得淋漓尽致之时，正是漏出自己的弱势之时。当刀光剑影落幕之后，小猪又中剑倒地。虽然小猪赢了两局，但最后的那一局还是输了，他意犹未尽，继续邀战。龙飞虎回答说：“今日有事，后日再战，只弈一局，一决雌雄。”小猪听后，也觉挺好，双方约好后日再会。

2000 年 12 月 10 日款款而来，北方的寒气日冷一日，北京的冬天已经来临，虽然降温并不明显，但不久前也飘了两场不小不大的雪。一年的最后一个月，人们往往会盘点总结自己在即将逝去的春夏秋冬里到底有多少收成，也希望在年末的时间奋力拼搏，可以用更好的成绩给自己一个满意的交代。罗小猪和龙飞虎估计都有这样的想法吧。

第三次相会如约而至，双方为这一战都做好了充足的准备。无论结局如何，龙飞虎决定在这一战后告别“清风”，告别江湖。当时小猪不知道，棋迷们也不知道，否则他们一定会竭力挽留，不允许自己心目中的英雄悄然离去。因为没有了龙飞虎的“清风”，他们不敢想象还剩多少动人的故事和魅力！然而龙飞虎去意已决。

龙飞虎与小猪在“清风”的最后一战，无论是对小猪，还是对“清风”，都是一种了断。对于“清风”棋迷而言，这一天将会刻骨铭心。

决战开始，龙飞虎执黑以“中国流”开局，小猪应以二连星。序盘无大战，中盘“血泪篇”，双方均使出看家本领竭力拼杀，对局之紧张激烈，犹如以性命相搏，可称为新世纪现代网络版“当湖十局”第一谱。战罢，幸运之神稍稍垂青龙飞虎：他只赢了半目，这是围棋中最小的输赢。

龙飞虎三会罗洗河，双方共弈八局，前者最终以六比二大获全胜。小猪不知道下次要到什么时候才能遇上龙飞虎，因此，他追问：

“我们认识吗？”

“我们认识。”龙飞虎答。

◆ 2017 年 12 月，丁伟应邀到重庆参加中国棋文化峰会

“你是专业棋手吗？”

“我们同段。”龙飞虎答。

“那么，你是谁？”

龙飞虎没有回答，因为实在难以回答，他认为：人们用不着追问，只要知道“清风”曾有过一个剑客叫“龙飞虎”就足矣。从此以后，丁伟没有再踏进“清风”半步，但江湖并没有因为他的消失而平静下来，反而引起了一场声势浩大的行动，江湖与社会联动，由以前的“追查龙飞虎”变成“追杀龙飞虎”。（马诤《追杀龙飞虎》）

“龙飞虎”、罗洗河激斗谱（第八局）

黑方“龙飞虎”9D（黑点 2 又 3/4 子）

白方：罗洗河八段

共 323 手　黑胜 3/4 子

2000 年 12 月 10 日于北京清风网

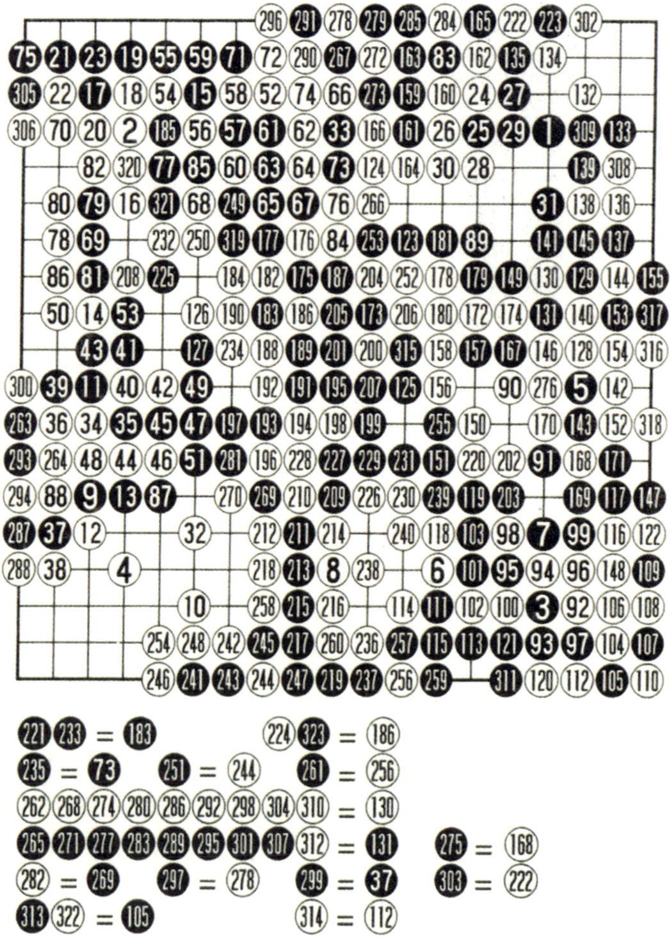

“追杀龙飞虎”

2000年12月10日，龙飞虎与小猪在“清风”战罢最后一局，即宝剑入鞘，马放南山，飘然而去，不知所踪。

年末，人们在总结本年度围棋界的大事件时，“龙飞虎”的网络传奇自然是最重要的一件。当时几乎所有的体育媒体都报道了“龙飞虎”的故事。不仅体育界在沸沸扬扬地议论，就连社会上一些不懂围棋的人，见了面也会问一句：“你知道龙飞虎是谁吗？”可见“龙飞虎”的网络传奇产生了多大的影响，掀起了一场全社会的“追杀龙飞虎”的热潮，成为了大街小巷人们谈论的热门话题。

鉴于当时《体坛周报》与《中国体育报》登载了《网络界“追杀”龙飞虎》文章，连篇累牍又有些添油加醋地描述，各个体育和娱乐媒体纷纷跟风，龙飞虎这个名字像佐罗的“Z”一样成了一种象征。龙飞虎到底是谁？“追杀”大戏逐渐进入高潮。

七大护法一起找到小猪责问之时，他一言不发，只是将四局棋一一摆来，慢慢地把当时双方交手时的招法重新演示了一遍。摆完之后，护法们都惊出一身冷汗。这绝不是高山深谷中的隐士所为，市井中从最低层打起的武林中人也不可能达到这样高远的境界，龙飞虎剑法中所流露出的森森剑意，绝对是专业棋手多年苦练的结果。经过“清风”网管追查，龙飞虎的上网地点就在北京。

“追杀”出力最多的当然是小猪，因为他受伤最深，感受最强——这个龙飞虎为什么会这样捉弄我？他虽然隐藏很深，但是即使他飘到天边、钻入地缝、藏在海里，我也要查个水落石出！

为了搞清楚这个问题，小猪把自己与龙飞虎的对弈棋谱反复复盘研究，再与国内诸大高手的棋风一一比对，经过认真思考，认为曹大元九段和其夫人杨晖八段嫌疑比较大，因为夫妻俩可以在家联手下棋，别人肯定不知道。于是小猪故意找到曹大元，把他被“龙飞虎”屠龙的棋谱摆了出来，一边摆还一边观察曹大元的眼色，并发问：“这样走如何？”发现曹九段似乎没什么反应，小猪才悻悻然地离开。

相似的情况也发生在马晓春和其他高手身上，小猪猜测的几个人好像是又都不是，小猪陷入谜团中。比较靠谱的说法是，所谓“龙飞虎”，正是古力等多名新锐之作，而天才小猪也有被人捉弄的时候。

清风内部意见分化成为两类，一类是焦急如同火上房喊出：“龙飞虎，你究竟是谁？我们急切需要国家安全局的协助！”另一类则彻底死了心，反而甚是平和，言道：“千万不要查清楚，如果查出来了就没有神秘感，也就没有意思了。”

根据分析，护法们认为“龙飞虎”最有可能是身边的这几个人：聂卫平九段，马晓春九段，杨士海八段，古力五段。经过一一对问，遭到四人坚决地否认。

1. 聂卫平九段。嫌疑：酷爱上网下棋，擅长快棋，而且来者不拒，我行我素。解除嫌疑：老聂上网从来“行不更名，坐不改姓”，他使用的是儿子的名字“青青”。关于龙飞虎，老聂还提供了一条线索，他说龙飞虎是当年周总理一名贴身护卫的名字，因此能用这个名字的人，肯定是知道这个典故的中国人，而且还是一位岁数不小的老江湖。

2. 马晓春九段。嫌疑：与龙飞虎棋风甚似，剑法明快、锐利轻盈，护法中的邵炜刚、周鹤洋和罗洗河出自他的门下，与罗洗河交锋是不是在教训弟子？解除嫌疑：马九段性格高傲，天马行空，虽然也上网下棋，但绝对不会与业余棋手过招，再来教训弟子。

3. 杨士海八段。嫌疑：龙飞虎也说自己是八段，棋风相似，而且杨八段近来“浪迹江湖”，不拘小节，也是玩电脑的行家里手。论棋力，他在当今国内八段棋手中与罗洗河旗鼓相当。解除嫌疑：从 2000 年 4 月 30 日的等级分排名来看，罗洗河排在第 5 名，杨士海排在第 27 名，棋力是不可能强于罗洗河的，赢一盘、两盘有可能，但要连赢四盘是绝无可能的。

4. 古力五段。嫌疑：余平六段是清风创办人之一，他撰文认为古力可能性最大。一是古力去年以来名列连胜榜第一位，近期连获国内冠军，实力甚强；二是属于年轻的国少队，网上技术娴熟，对上网练棋很有兴趣；三是古力在两年前的一次围棋决赛中败在罗手下，可能结下梁子。嫌疑尚未解除：古力自我解释，绝对不是龙飞虎！“去年年底，余平在网上写我就是龙飞虎，我看到后大吃一惊，因为我平时很少在清风网下棋，我在联众围棋网上倒有个名字，叫‘教父’，有时候在那里与网友切磋交流一下。”“其实我很少上网下棋，特别是在北京的时候，因为我们国少队平时的对局就已经很多了，用不着上网下棋。”古力进而分析说：“我看过一盘龙飞虎的棋谱，从内容上看，肯定不是我们国少队棋手下出来的，因为我对队友的棋风都很了解，知道他们不可能下出这种风格的棋。”

古力虽然明确否认，但许多人并不相信，也给他带来一定压力，但这个心理强大的棋手后来成为“小虎辈”的虎头，也长期坐在中国围棋队的第一把交椅。

当然，除了上述四种说法，还小规模流传别的九种，认为这些也有可能是龙飞虎，但更容易一一排除。我们简单列举如下，不再展开。

第一至第九依次是常昊九段、俞斌九段、宋雪林九段、钱宇平九段、芮乃伟夫妇、李昌镐九段、日本职业高手、国内业余高手、围棋电脑（类似深蓝、阿尔法围棋）。所列九种情况当时都不可能，但最后一种情况今天要特别说明一下，因为从2015年以来，美国谷歌公司研制的“AlphaGo”（阿尔法围棋）已经相继战胜人类，2015年战胜欧洲围棋冠军樊麾二段，2016年战胜韩国李世石九段，2017年又战胜中国目前等级分排名第一的柯洁，创造了人工智能围棋的神话。但是在2000年，人工智能围棋水平很低，应该连职业初段都下不过，更何况职业八段的罗洗河。

就在这时，社会上又开始流传关于龙飞虎其实并不存在，只是“清风”的一次自我炒作的说法，这让护法们有口难言。

围棋界一些“消息灵通人士”透露说，根本不存在龙飞虎其人，十有八九是清风网的主力棋手之一。“龙飞虎事件”是一次广告策划。依据是龙飞虎踢翻“看场子”的罗洗河八段之后，“清风网”并没有任何“负面影响”，反而是因此人气剧升，点击量暴涨。一时间，龙飞虎的名字在国内2000多万棋迷当中广为传播，更搞笑的是，许多喜欢上网下棋的棋迷在网上落座对弈前的第一问候语竟然是：“你是龙飞虎吗？如果是，请不要把我砍成‘九段’。”

一些棋手甚至私下里猜测：龙飞虎是罗洗河本人的可能性很大，可能是他“两手互搏”之后制造了“龙飞虎”。这种说法当然遭到护法们的反对，即便是与众护法经营理念不同而退出的余平也不认为龙飞虎是清风网站的自我炒作，“因为当时我还没和清风网的战友们分手，那时候，龙飞虎的出现的确也让我感到过新奇。”

“清风”大当家邵炜刚九段说：“我可以用棋手的名誉担保，我不是什么龙飞虎。我也问过清风站的其他棋手，他们也全部保证不会做这样的事。据看过龙飞虎棋的专家说，龙飞虎的棋风不像是清风棋手。”“清风”二当家刘菁八段也一脸冤枉地说，我们是下棋出身，绝不会想出这样巧妙的广告宣传术。大多数棋迷棋友都相信这些棋手是不可能有这样专业的商业策划的。

事情演化到现在，根本是丁伟做梦都无法梦到，也无法想象，更无法控制的。丁伟最纠结、最忐忑的时候已经过去了，索性由它去吧。这时干脆一不做二不休，既然护法们都没有怀疑自己，那就隐藏到底，也不再以“龙飞虎”的名义上网，偶尔还可以作壁上观，以一个事外达人的心态静静地关注着事态的发展过程。

至此，“龙飞虎”真正成为了一个谜！直到 2001 年初引起了央视的注意。

央视策划要终结此谜

各个媒体热议“龙飞虎”，这自然也引起了中央电视台的注意，于是决定做一期关于“龙飞虎”的节目。

2001 年元旦过后，央视确定让《精品购物指南》体育部主任刘羽来进行总体策划。刘羽经过认真调查了解，知道了社会各个阶层的热议程度，经过反复思考，精心构思了一个带有激将性质的终结计划。

这个计划是这样的：等到春节过后大约两周的时候，由“清风三侠”通过媒体向“龙飞虎”广发“英雄帖”，邀约他进行终极对决，也对广大的棋界内外人士作一个交代，让“追杀”到此为止，让“龙飞虎”的传说圆满地谢幕。为了使节目内容丰满，精彩动人，央视还安排了记者对当时“嫌疑”比较大的围棋国手聂卫平、马晓春、曹大元以及新秀古力、余平等人进行了采访，以便节目播出时使用。2001 年是中国农历十二生肖中的蛇年，正月初一对应的公历日期是 1 月 24 日，节目组最终确定于 2 月 6 日登发“英雄帖”，邀约“龙飞虎”于两天后到央视《五环夜话》演播厅进行决斗，具体时间是 2 月 8 日下午 14 时整。刘羽在策划中预估“龙飞虎”多半不会现身于现场，如果那样可太有戏剧性了！但是有可能现身于虚拟的“清风”网络世界，因此也让“清风”的网络工程师专门准备了用于节目录播的网络对局室，如此，只要“龙飞虎”现身，即使人们依然看不到他的真面目，但他能出来应战，也算是策划的成功。

2月6日，“清风三侠挑战龙飞虎”的“英雄帖”按时发出，经过媒体广泛报道之后，迅速成为大众关注的新焦点。按节目预想，若龙飞虎来，将与刘菁八段对弈，由王元八段挂盘讲解，主要内容为实战对局讲解、与棋手讨论、与观众互动。

到了2月8日，上午11点，“清风三侠”邵炜刚、刘菁、邹俊杰来到央视《五环夜话》演播厅，与工作人员及“清风”的网络工程师姚笛一起，进行录播的准备工作。下午13时20分，特邀主持人王元八段也到达演播现场。13时40分，100余名观众进入演播厅，坐在一起开始窃窃低语，发出了嘈杂的议论声。14时整，节目开始，演播厅的灯光骤然亮起，气氛一下子凝重起来。大家心里都期盼龙飞虎的出现，无论是演播现场的棋手、观众，还是清风网上的棋迷，及一直关注着龙飞虎故事的各阶层人士。但遗憾的是，龙飞虎让他们白等了！自从9月初那一天邵炜刚那么不经意地一问，丁伟就那么条件反射地一否，接下来的将错就错，导致了一错到底。正因为大家都是无意识地按照自己的性格特点、单纯初心行事，事情发展的每一个阶段大家本身都没有什么过错，但事情的发酵发展却完全出乎人们的意料，到后来闹到不可收拾的地步，甚至让龙飞虎变成一个神秘的网络黑客，变成中国现代围棋史上一个悬念！

央视作为中国媒体的龙头老大，在国内无论向哪个文体明星发出邀请，一般都会得到积极响应与配合，况且这次还有一名个体老板愿意付给龙飞虎10万元的出场费。但是丁伟既然一开始在无意中条件反射地否认了，就只能隐藏下去，雪藏起来，这也谈不上不给央视面子，也不是看不起“清风三侠”，而是无论如何都要深藏下去。

节目总共进行了1个半小时，直到结束时，龙飞虎也没有出现，不仅是现场没出现，而且清风网上也没有出现！

主持人王元八段，是中国围棋节目的主持人中见多识广、思维敏捷、幽默风趣、多才多艺的难得人才。也因为如此，在龙飞虎一直没有到场的尴尬局面下，他机动灵活，随机应变，才没有出现冷场。

节目开始前，为了暖场，王元就与现场的观众闲聊，他笑着问大家：你们认为今天龙飞虎会不会露面？

一位观众说：“我相信龙飞虎一定会因为这么多人关心他而感动，他一定会来！”观众们给予热烈的鼓掌。

另一位观众说：“说不定龙飞虎就在现场，也许就是在座的四位棋手之一，或许就是王元老师。”

王元听了连连拱手说：“别别，我的棋不行，比龙飞虎差远了。”“王大侠，您就认了吧！”观众们友善地笑起来。

节目开始后，龙飞虎没有露面，王元不断地寻找话题，逗引在场的棋手和观众说话，有时干脆直接点名提问，让大家伙都不会因为龙飞虎不到泄气以致影响整个演播厅的兴致。

“清风三侠”作为今天的挑战者，王元进行了访谈：“你们对龙飞虎以及他的棋如何评价？”

邹俊杰:“龙飞虎无疑是个高手,所以我特别想跟他下一盘！”

“作为一个职业棋手，你是不是把自己的位置摆低了？”

“他比我有名多了，当今能连赢罗洗河四盘棋的人并不多，他能赢罗洗河，就一定不差！”

“罗洗河今天怎么没来？”

邵炜刚：“他今天临时有事，所以没来。”

“是不是因为输了棋，不好意思见龙飞虎？”

“也不排除这种可能。”

“有人说其实并没有龙飞虎这个人，而是罗洗河双手互搏？”

“我以人格担保，龙飞虎绝非‘清风’的炒作，也绝非罗洗河的双手互搏！”

“还是让我们回到一开始的问题，龙飞虎的棋真的那么厉害吗？”

刘菁：“龙飞虎赢睦镇硕的那盘棋，把睦镇硕杀得尸横遍野。”

邵炜刚：“龙飞虎大局观好，基本功扎实。”

……

工作人员开始放录像，一些国手现身说“虎”……

一个小时过去了，龙飞虎一直不出现，演播厅的不满情绪逐渐滋长，人们开始由埋怨发展到责怪、到气愤：“龙飞虎”到底是何方神圣？是不是太过分了！让天下人这样苦苦等待也不出来？！要不让公安去查一查他到底是谁，以给天下人一个交代！

“清风”的网络工程师姚笛说：“龙飞虎最后一次出现在‘清风’网是今年1月24日（农历大年初一）晚上6时47分。他上网的地点肯定是在北京。但若需进一步查证，必须借助公安系统。龙飞虎上网只是为了娱乐，并没有违法，采用这种方法恐怕不太合适。”

听了这番话，有人说：其实不知道龙飞虎是谁也不见得是件坏事，就让它永远是一个谜，才有神秘性，因为不确定，以后才有谈论的韵味。

大家认真回味一下，也觉得有道理。经过一番争论后，在场的人终于达成一个共识：追查龙飞虎是谁已经没有必要，就让他成为一个谜吧！

15时30分，一个半小时的录播结束了。虽然说没必要再追查了，但龙飞虎始终未出现也是大家觉得最遗憾的地方。

刘菁因为憋了好久，邀战心切，心愿难偿，不免又怨又无奈地说：“龙飞虎可能比较怕羞……”

邵炜刚则说：“或许龙飞虎不喜欢我们今天的这种安排，只想自己安安静静地下棋。”马诤（《追杀龙飞虎》一书的作者）听了他的话，说了一句：“邵炜刚大约可算龙飞虎的知音了。”在肯定邵炜刚的时候，细细想一想，刘菁所说也并非没有一定道理，因为丁伟性格比较内敛，是不太喜欢到大庭广众下抛头露面的，与沿海人相比，似乎大多数云南人都有这样的性格。

至此，央视“追杀”龙飞虎也落空了，其实在策划之初，看看围棋界很多次的追查都没有结果，可以推测龙飞虎是一个很特别的人物，落拓不群、不喜欢热闹是他的性格，因此在活动开始就基本注定了结果。

时隔多年，神秘龙飞虎传奇在棋界也没有被完全忘记。到了2006年1月，离谜底揭开两个月前，《人民日报》海外版还登了一篇陈昭（名人战组织者）写的文章，题目是《江湖未了情》，还简要回顾了五年前的龙飞虎网络传奇，文首的序语说得精彩又颇具深意：

“有人的地方就有江湖

有江湖的地方就有血雨腥风

有血雨腥风的地方就有传奇的故事

有传奇的故事就有如歌如泣的人生”

文末表述了当时作者的猜测和俞斌教练的观点，而结尾的归纳更耐人寻味：“五载时光，匆匆而过。（2006年）1月16日晚，在《人民日报》举行的名人战闭幕式上，我重提往事，问卫冕成功的古力，当年的龙飞虎是不是他，古力轻轻地摇了摇头。我说，就是你。古力含笑不语。坐在旁边的俞斌说，就让它永远是个谜吧。”

“无论在网络的虚拟世界还是在五光十色的现实中，黑白子都给我们带来无穷的魅力。龙飞虎消失在网络中，但是在中国围棋队里，一大批内外兼修的少年白衣剑客登上世界棋坛舞台，笑傲江湖，续写传奇故事。我们不用再去寻找龙飞虎，因为我们知道，他和他的朋友们正在长啸于黑白世界，用出鞘的利剑给千千万万的中国棋迷们带来新的胜利和惊喜。”（《人民日报海外版》2006年01月18日第八版）

五年后仓促透真相

所有的事情，都经不起时间的打磨，随着时光的流逝，那些当时叱咤风云的人，也不可避免地慢慢淡出人们的记忆！但是，“清风”的棋迷棋友们，会永远铭记黑白世界“龙飞虎”的传奇故事。

2003 年 3 月，风行 3 年多的中国棋坛最火的网站“清风围棋世界”网站宣布关闭，其原因不便猜测。两年前龙飞虎消失了，现在“清风”网站也不存在了，“追杀龙飞虎”的硝烟已渐渐散尽，“龙飞虎”的传说也渐渐淡出了人们的记忆。

又过了三年，时光列车驶入了 2006 年，这时龙飞虎从网络消失已经五年多了。丁伟也觉得人们应该把龙飞虎忘得差不多了，长期以来所背负的一个沉重的心理包袱随着时光一天天过去，负担也一天天减轻，到这时感觉已经是云过风轻、风平浪静。

但是，丁伟还是想错了。还有不少人惦记着“龙飞虎”到底是何方神圣呢！表面上无人关注，暗地里仍在“追杀”。后来的事实证明，许多当事人如罗洗河、邵炜刚、刘菁等人确实已经淡忘了；无端被指去砸场子的古力也不再解释，也不再烦恼，随它去了。但是许多记者却还不断在暗地里打听，收集线索情报。终于，在这一天，他们用自己的行业智慧，在采访中，撩起了“龙飞虎”神秘的面纱。

2006 年的第五届中国围棋西南王比赛在成都举行，当时《成都商报》的记者钟宁想彻底揭开五年前的网络谜底，事先就向围棋圈打听最近关于“龙飞虎”的说法，居然听到了有可能是丁伟的消息。因此，他把采访丁伟作为这次新闻报道重中之重的任务。

3 月 16 日，丁伟在四分之一比赛中输给了古力之后，已经没有比赛，这是采访他的最好时机。比赛结束以后，记者先到了古力的房间，向他探听“龙飞虎”的虚实，对丁伟是不是“龙飞虎”，古力不置是否，笑呵呵地说：“我不知道，你自己去问他。”记者只好去拨打丁伟房间的电话，但此时无人接听。再拨打丁伟的手机，却处于关机状态。记者瞬间着急起来——这次采访难道就要泡汤了？

还好，半小时后，记者联系上了丁伟，原来是因为下午的失利让他有些郁闷，出去散步调整了。在听到记者的采访要求后，丁伟爽快答应了下来。几分钟后，丁伟出现在记者的视线里，应约来到赛场外的茶座里接受采访。

或许是因为刚刚输了棋以及围甲新赛季云南队和香港队合并的原因，丁伟的情绪并不高，低着头的他对记者几乎没有说话的

◆ 2010 年 12 月，第 11 届理光杯第二轮十六强战的一场比赛中，丁伟（左）在天地间与古力（右）比赛

欲望。记者也忐忑起来：这时与他提“龙飞虎”，他会承认吗？沉默良久，记者担心这样下去可能再难找机会证实了，便豁出去把问题抛给对面的丁伟：“有人透露实际上你才是‘龙飞虎’，这是真的吗？”听到了记者这句话，丁伟迅速抬起了头，脸上分明流露出犹豫的表情，沉默数秒之后，丁伟长出一口气，开始坦白，“其实这是很久以前的事情了，当时我也没有什么想法，就是抱着在网上下棋玩玩的心态，根本没想到会有这么大的反应。要不是你问到这个东西，也许我一直都不会承认自己是龙飞虎。”

丁伟表示，朋友们知道他是龙飞虎，也是那阵风云之后很久的事情了，当然大家也都释然了。但是他是龙飞虎的秘密也一直局限于圈内几个好友知道，媒体向他提出来他自己也比较意外。

接着到了3月20日，一篇题为《中国围棋史上最大悬念解开，龙飞虎原来是丁伟》的报道见诸《成都商报》，紧接着各个体育媒体和网络纷纷转载，“龙飞虎”的真面目终于大白于天下！

之后丁伟也接受其他媒体的采访，对棋迷和社会上的关注者坦诚说：“网上当时不是说龙飞虎是清风的自我炒作，实际上就是他们内部自己人与自己人下吗？现在我可以告诉大家，那实在是冤枉他们了。”“那时候大家确实冤枉了清风，清风也冤枉了古力。‘龙飞虎’就是我，所有的对局都是我下的。”

问他当时为何不站出来承认，他不无委屈地说，“当时与清风中的几个哥们都很铁，有次他们玩笑般地问起自己是否是“龙飞虎”，我仓促中否认了，鉴于哥们的义气又不方便承认，加上自己向来老实，后来就没被人怀疑过。”“再后来我已经没法出来承认了，媒体炒作得太凶了，我要是出来承认的话，没准别人还都不相信。”“那时候网络围棋刚刚起步，所以我赢了罗洗河四盘棋后引起那么大的轰动，真的太出乎意料。要是放在现在，根本算不了什么，罗洗河现在不是经常在网上与国家队的棋手或者韩国超一流的棋手对弈吗？输棋并且让人从9D打到8D也曾经有过！”丁伟感慨道。

得知真相后，人们的反应如何呢？

大多数棋迷的第一反应是：哦，原来丁伟就是“龙飞虎”啊！真没想到。

小部分棋迷以及社会人士在谜底揭开的时候，反倒有种莫名的失落。或许，人们更享受寻找的过程，而并非结果。

当然，读者更关心罗洗河和古力的反应。

《钱江晚报》的记者就此事第一时间采访了罗洗河，3 月 21 日实际登载：

“丁伟八段突然开口承认自己就是‘龙飞虎’，平时朝夕相处的国家队队友们也有些措手不及。

昨天，记者特意就此向罗洗河求证此事。他的反应让记者感到意外。他听记者说丁伟已经承认，脸上显现很吃惊的样子：‘哦，是吗？你告诉我，我才知道。’

想了想，罗洗河说：‘这事是挺蒙的，5 年来一直不知道。‘当记者问他是否怀疑过是丁伟，罗洗河说有点，‘反正就是那几个人呗，他挺像的。’据罗洗河回忆，当初和‘龙飞虎’下完棋，第二天就到棋院给曹大元、马晓春、古力他们摆那几盘棋，想研讨一下。‘其实也想看看他们会有什么异样表情的，可看不出来。当然，我一直没和丁伟摆过。’

记者问罗洗河是不是‘龙飞虎’下的棋和丁伟很像，罗洗河又恢复了他调皮的口气：‘说实话，我现在还是蒙的，不大看得出来。’

虽然丁伟承认了，可记者还是有些怀疑，总觉得有可能是几个人用同一个号下棋，如今丁伟是在逗大家开心。对此罗洗河认为不可能：‘他既然承认了，那肯定是他。’

‘龙飞虎’因罗洗河而一夜成名，过了那么久，生性恬淡的罗洗河坦诚自己从来没想过要报仇，‘下网棋是没准儿的事，输赢都是无所谓的。’”

由此可见：罗洗河是一个大气、纯朴的人。

“龙飞虎”揭秘之前，古力承受的来自方方面面的误解是最大、最多、最深的，让他百口莫辩还徒增很多烦恼。之前有记者采访古力，既然他坚决不承认自己是“龙飞虎”，那么请他分析一下谁是？

古力回答说：“如果真有这么一个神乎其技的龙飞虎，那肯定是一名职业高手。”然而，放眼国内，又有哪个成名高手能与龙飞虎对上号？古力寻思了半天，也只给记者留下一句，“……不好猜，猜不出来。”

丁伟承认之后，古力在从记者口中得知让自己被冤枉了五年的人是丁伟后，古力惊呼没想到，“根本没有想到龙飞虎是丁伟，我当初还跟人说肯定是一群国少队的棋手集体作案，看来我也被丁伟骗了啊。现在想起来当初没有人猜测是丁伟也有点失误，他真的完全符合啊！”

由此可见：古力也释然了，也并没有责怪丁伟的意思，也是一个宽宏大量的人。

那么，承认自己就是“龙飞虎”，对丁伟又有哪些影响呢？

可以说，隐瞒自己是龙飞虎，一直对丁伟有一些影响，五年来他一直多多少少背负着这个负担，尽管随着时光的流逝，人们会渐渐淡忘，负担也越来越小。但现在坦承之后，他轻松了许多，也不再有心理压力，就像一家媒体所言：“摆脱‘龙飞虎’的纠缠对他恰似一次新生。”并对丁伟在第二年、第三年的表现做了进一步分析，说得比较客观、比较实际。

“丁伟的实力原本不差，他的病根在于心魔。当心魔解开，前景豁然开朗。去年（2007 年），丁伟如愿升入九段，并获得名人挑战权。本届春兰杯，他接连挑落依田纪基和李世石两大顶尖高手，闯入八强。尤其是与最近状态极佳的李世石玩对攻，更显示了他极强的自信。

常昊对丁伟说，这次他拔除了中国棋手夺冠路上的两个最大障碍，立下了头功。从虚幻世界的王者，到现实世界的英雄，丁伟悄然间完成了华丽转身。”（《晶报》2008 年 3 月 19 日）

如此说来，还要感谢钟宁记者，是他给丁伟松绑了，给丁伟的围棋生涯又带来了一个新的春天！

——《成都商报》2006 年 3 月 20 日，《重庆晨报》2006 年 3 月 21 日，腾讯、新浪、网易体育

七 国内外征战

内地征战

丁伟的围棋战斗生涯，有两个明显的分段标志，一个是1995年由中国棋院派出，参加与台湾棋手争夺中环杯的比赛，这可以算作丁伟正式走到国家围棋队的前台，参与正式的大赛；另一个是到了2013年底，丁伟退出围甲比赛的队员行列，专司广西华蓝队教练之职，标志着他不再到国内外一线征战，呈现刀枪入库，马放南山的状态。如此算来，丁伟征战国内外的时间长达19年，从16岁拼到34岁，一直是踏踏实实、全力而战，从未退缩，当然主战场是在国内。

在国内的征战中，丁伟主要在两个方面进行：一是参加国内所有头衔的大战；二是参加围甲围乙作战。

丁伟正式进入国家队以前，于1995年参加了海峡两岸中环杯围棋赛，他以最小的年龄、最低的段位获得冠军，次年进入国家队。

从1996年进入国家队开始，接连参加国内常年举办的棋圣赛、乐百氏杯赛、名人战、天元战、棋王赛、NEC杯赛、CCTV杯快棋赛、阿含·桐山杯快棋赛、新人王赛、全国个人赛、新秀杯超快棋赛等等，每年的赛事极为频繁，再加上围甲比赛，确实非常忙碌。拿2000年、2001年来举例，2000年丁伟的对局数为82局，排名国家队第五名，胜率达到65.85%；2001年的对局数为73局，排名第四，胜率达到63.01%。拿73的对局数来算，每五天就有一场大战。丁伟所获得的冠亚军，都是经过一场场艰苦拼搏，呕心血战才得来的。

◆ 2007 年 12 月 28 日，丁伟（右）参加“永城杯”第 20 届中国围棋名人战，在海南省三亚市与古力（左）进行决赛，此局为五番棋的第三局

现在我们看看丁伟战绩较好的是哪几年？我们以《中国围棋年鉴》里的登载作为根据，从中国职业棋手等级分排名来看，可以看到丁伟在这几年的变化情况：

1999 年 4 月 30 日，排名第 14 位；

2000 年 4 月 30 日，排名第 9 位；

2001 年 12 月 31 日，排名第 7 位；

2002 年 12 月 31 日，排名第 10 位；

2003 年 8 月 31 日，排名第 13 位；

2004 年 12 月 31 日，排名第 12 位；

2005 年 12 月 31 日，排名第 19 位；

2006 年 12 月 31 日，排名第 18 位；

2007、2008 两年的 12 月 31 日的排名，都是第 16 位。

由此可见，丁伟成绩最好的年份是 2000、2001、2002 这三年，排名都在前十，此前和之后，只有 2008 年 4 月还进入了第 10 名，其他时间都没有进入前十了。这三年是丁伟征战的黄金时期，丁

◆ 2009 年 9 月，围甲贵阳比赛中，以丁伟为首的广西华蓝队与贵州百灵队正在对弈（左为丁伟，右为时越）

伟在这三年觉得特别忙碌，几乎没有时间好好喘气，一战接着一战，其中的酸甜苦辣，也只有丁伟自己才能够细细体味。

接下来我们再看看丁伟取得的战绩吧：（只罗列国内比赛的冠亚军）

从 1995 年到 2008 年的 13 年间，他获得的国内冠亚军共有十三项，即：

1995 年，获海峡两岸“中环杯”冠军；

1997 年，获全国围棋个人赛冠军；

1999 年，获全国围棋个人赛亚军；

2000 年，获中国 CCTV 电视快棋赛（步步高杯）冠军、中国第 3 届 NEC 新秀杯亚军、中国第 7 届新人王赛亚军、作为主力带领云南队在围甲中获亚军；

2001 年，获中国第十五届“天元战”亚军；

2002 年，中国招商银行杯快棋赛亚军、中国西南王赛亚军，作为主力带领云南队在围甲中获亚军；

2001年第十五届中国天元战决赛

丁伟 [VS] 周鹤洋　丁伟执黑　胜　共229手　2001年2月24日

开局白优，黑棋通过右上混战，奠定优势，赢下此局。得到天元优胜，获得和孔杰三番棋争夺天元挑战的机会。

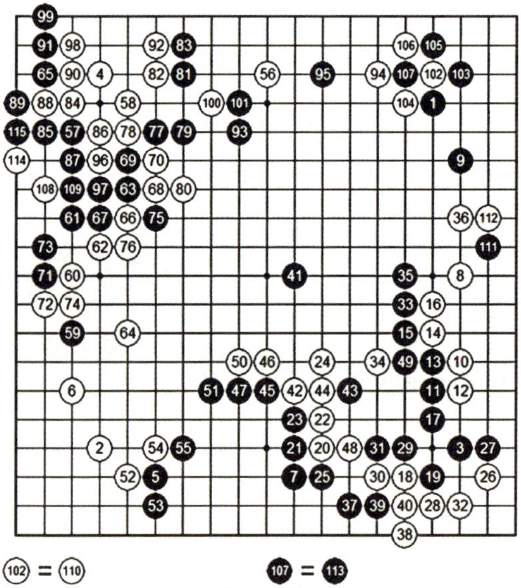

谱一：1-115手

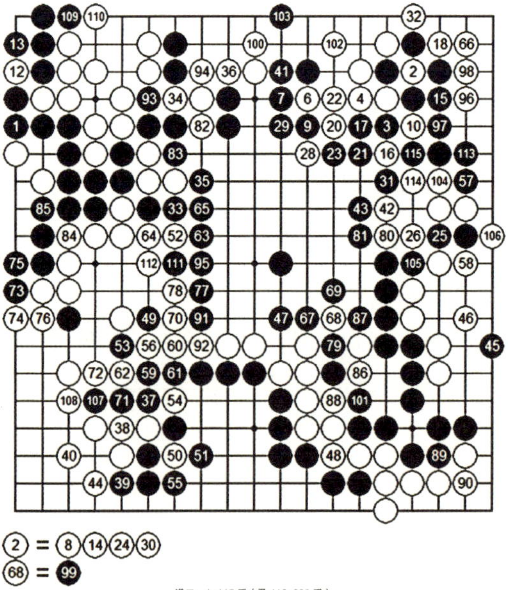

谱二：1-115手（及116-229手）

2001年第十五届中国天元战决赛（第三局）

丁伟[VS]常昊　丁伟执白　负　共256手　2001年3月7日

进入到后半盘，黑棋已取得优势。第二谱，黑54是败着，此时在59位顶住，黑胜势不可动摇，白57抓住黑棋的弱点冲击，一举逆转。

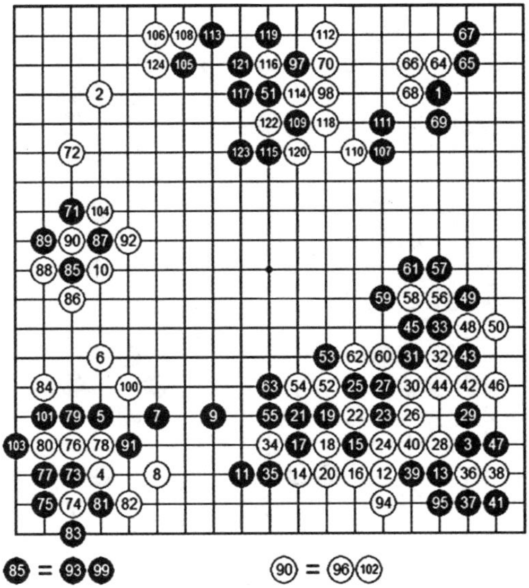

谱一：1–124手

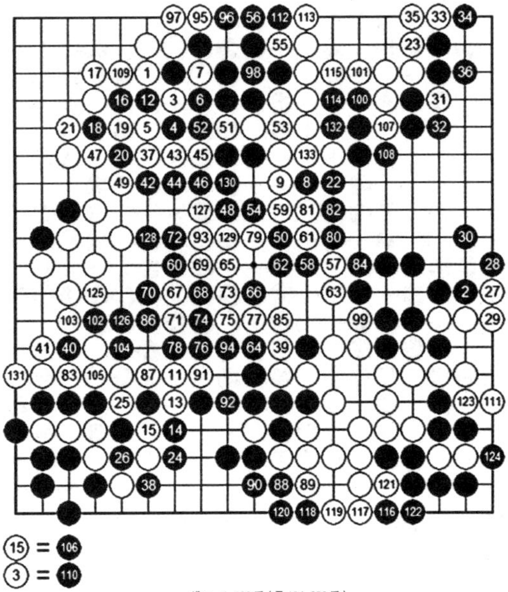

谱二：1–133手（及134–256手）

2007 年第二十届中国名人战挑战者决定战第一局

孔杰 [VS] 丁伟　丁伟执白　胜　共 265 手　2007 年 10 月 9 日

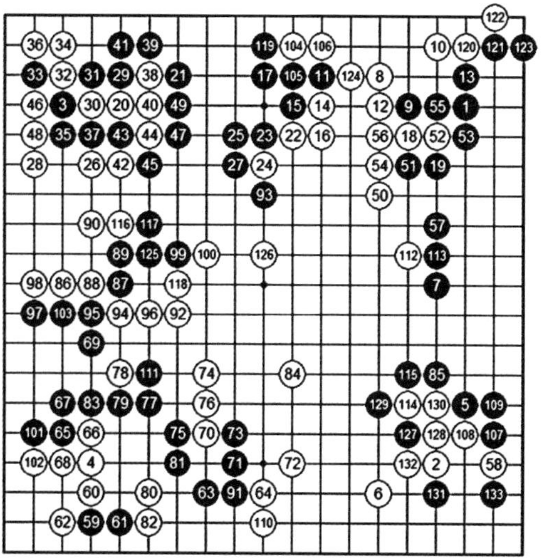

谱一：1-133 手

局面一直焦灼，后半盘混战中白棋抓住良机一举获胜，赢得“天元”挑战权。首次站在国内新闻棋战最高规格，五番棋争夺头衔的舞台。

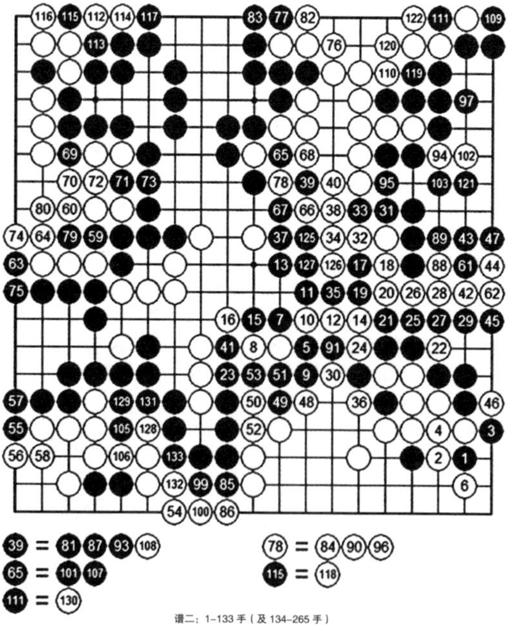

谱二：1-133 手（及 134-265 手）

2007 年第 20 届中国名人战挑战赛第三局

古力 [VS] 丁伟　丁伟执白　负　共 243 手　2007 年 12 月 28 日

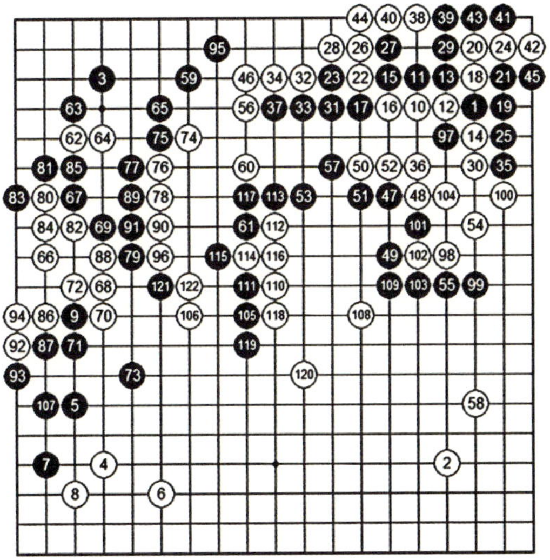

谱一：1-122 手

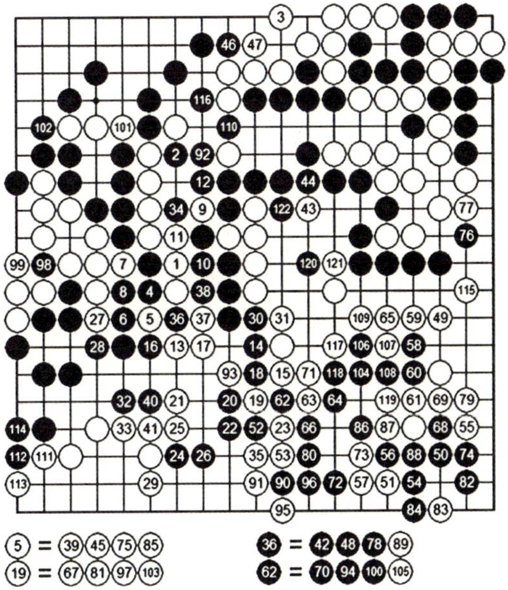

谱二：1-122 手（及 123-243 手）

2003 年，中国西南王赛亚军；

2007 年，获第二十届中国“名人战”亚军。

能获得这些战绩，虽然在七小龙里比不上常昊、周鹤洋、王磊等人，但也算是一份合格的成绩单（小规模棋战：1997 年还获得昆明举办的牡丹卡杯全国围棋名手赛亚军）。

能取得这些成绩，一方面是教练们教育的结果，另一方面是丁伟凭着意志、凭着棋艺，过五关斩六将才获得的。拿 2000 年的 CCTV 快棋赛来说，丁伟是经过一一苦战，迈过了李永刚、刘菁、张文东、古力、马晓春、罗洗河六将获得冠军的；再拿 2001 年“天元战”来说，好不容易过了许书祥、王垚、孔杰、王磊、周鹤洋五关才获得挑战权，与常昊决战，最后获得亚军；2003 年力克廖桂永、李劼、胡耀宇、刘菁、古力五名超级高手才与马晓春进行 CCTV 杯电视快棋赛决赛，最后获得亚军。从丁伟获得的成绩来看，在 2000 到 2002 这三年，丁伟可以算得上是国内的一线战将。

另外，我们来看看丁伟在中国围棋甲级联赛的征战。

中国围棋甲级联赛（简称围甲），实行于 1999 年，从那时起，围甲比赛从来没有中断过，到 2019 年已经举办了 20 届。

中国的围甲比赛，水平极高，因为它不仅是国内高手与新秀参与的比赛，还吸引了国际上的一流棋手，特别是韩国的一些高手，如李世石、李昌镐、曹薰铉、刘昌赫、朴廷桓、金志锡等等，位列韩国前十的棋手都加入过中国围甲比赛。日本也有一流棋手加入，例如河野临，以及属于日本棋院的林海峰、王立诚等。因此比赛战况特别激烈，火药味非常之浓，对棋手的锻炼也极大。丁伟的围甲征战，从 1999 年直到 2013 年，共 15 年（届），总体分为两个阶段：前十届主要为故乡云南队效力，后五届调到广西华蓝队征战。丁伟作为云南本土成长的选手，自然有报效故乡之心。因此，云南围棋队自从 1999 年组队打围甲开始，中国围甲的前十届，也就是从 1999 年到 2008 年的围甲比赛，除 2005 年赛季外丁伟都是云南队的主力队员。

下边我们列出云南队前十届的比赛队员及冠名商称谓以表纪念和感谢：

第1届1999年云南红队，队员：杨士海、王磊、段嵘、丁伟、邱继红、王垚

第2届2000年云南红队，队员：王磊、段嵘、丁伟、邱继红、王垚、李劼

第3届2001年云南香格里拉·藏秘队，队员：王磊、段嵘、丁伟、邱继红、王垚、李劼

第4届2002年云南印象酒业队，队员：刘昌赫（韩国）、王磊、丁伟、王垚、段嵘、甘思扬

第5届2003年云南印象酒业队，队员：丁伟、王垚、段嵘、金亨奂（韩国）、方捷、陆军

第6届2004年云南红队，队员：丁伟、王垚、段嵘、邱继红、付冲

第7届2005年云南大益普洱茶围棋队，队员：段嵘、付冲、张学斌、宋泰坤（韩国）

第8届2006年松松围棋队，队员：丁伟、王垚、陈潇楠、董彦、张东岳、黄晨

第9届2007年云南香格里拉围棋队，队员：丁伟、王垚、付冲、陈潇楠、李祝、蒋天棋

第10届2008年云南香格里拉围棋队，队员：丁伟、段嵘、王垚、付冲、陈潇楠

从以上10届比赛的参赛队员来看，丁伟有一年没有出现在云南队的队员名单中，包括王垚也不在，那就是2005年赛季。这一年云南队降为乙级队，与甲级队相比，乙级队一年的比赛场次只有7场，远远少于甲级队的22场；另一方面是甲级队里强手如林，对一个棋手的锻炼效果大得多。因此，丁伟被商借到山东队继续这一年的围甲征程。

说到2005年丁伟被商借一事，曾经在围甲圈里引起极大的反响。

丁伟作为云南队的台柱子、绝对主力，在2004年的赛季里取得优良战绩，下了22盘棋，获胜16盘，胜率72.73%，高居第三名。但云南队其他的队员表现欠佳，丁伟独木难支，到赛季的最后阶段，云南队降级的趋势越来越明显。从那个时候开始，就有其他的队关注丁伟和王垚在云南队降级之后的想法和打算。有媒体报道，在云南队铁定降级的消息确定之后的第二天就有围甲队找到丁伟，与他谈商借转会的事情。过了些时日，丁伟和王垚明确表态不会参加围乙比赛，云南队很难在新赛季留住他们，这样很快引发了一场人才之争。12支围甲队中，除了卫冕冠军上海移动队和处事低调的北京大宝队之外，其余10支围甲队都找过丁伟希望他能加盟。一时间丁伟成了香饽饽，变得十分抢手，有媒体称他是“围甲‘内援’的头号人物”和“2005转会之王”。

希望把丁伟招到旗下的围甲队分为三波：第一波是实力较强的队希望2005年的战绩更上一层，以贵州咳速停队为代表，他们上一赛季的排名从第3降到第6。贵州咳速停队领队姜伟准备在新赛季掀起波澜，希望本队能够进入前三，甚至决赛，因此求贤若渴。当年引进了韩国外援睦镇硕，但睦镇硕究竟将代表咳速停队下几盘棋却一直未能确定，一切要看丁伟是否能够顺利加盟咳速停。另外，咳速停队上赛季的韩国超级外援李世石九段今年虽然仍会代表该队出战，但小李将以“世界冠军”的身份作为“特邀棋手”，只下4盘棋——即主客场分别对阵上海和重庆。这样，丁伟能否成功加盟，将是贵州咳速停队新赛季冲击决赛的关键。因此贵州咳速停队在最早就与云南队和丁伟本人进行过较深的接触，并且提出了非常丰厚的条件，力邀丁伟加盟。

第二波是在围甲排名中下的队，以山东鲁抗医药队为代表。上个赛季因为马晓春力战的缘故，该队获得第7名，但本赛季马晓春转投武汉队，顶尖棋手只剩谢赫，征战联赛困难很大，渴望引进丁伟。但大家认为云南队和丁伟多半不会中意。

第三波是新打进围甲圈的两匹升班马，大连美罗队和香港队，两队都希望引进丁伟，成为新赛季的一匹黑马。

最终的结果，云南队及丁伟与山东队签了协议，丁伟将为山东队效力。这个结果很让贵州咳速停队领队姜伟大跌眼镜，颇为不解。早早就诚心诚意地与云南队及丁伟商谈，志在必得，结果却让山东队"横刀夺爱"，这令姜伟再三叹息。

云南队及丁伟为什么会答应山东队呢？签约之后，山东队教练曹大元九段不无得意地对媒体说："我很晚才与云南方面及丁伟联系，当然了，我们的工作也做了不少。"据悉，云南队之所以答应将丁伟商借给山东队，其中很重要的一个原因是，山东队除了付出必要的商借费之外，还诚心诚意地与云南队"走马换将"。他们看准云南队得不到冲甲棋手就不太可能放人的实际情况，成功说服去年发挥不佳的曹大元爱徒张学斌到云南打围乙。"张学斌当然不愿意了！但我们没办法啊，今年马晓春要去武汉人福队，我们再不找个强一点的外援怎么办？为了借来丁伟，我们做了张学斌不少工作。"山东队领队刘玮说。当云南队及丁伟有意签约时，山东队领队和教练意识到机不可失失不再来，马上去到北京中国棋院找到丁伟，详谈细节，趁热打铁，尽快让商借事宜板上钉钉。由此可见，一些事情不是早出手就收成好，关键还是要去得巧，了解对方的关注点真正打动对方。山东棋迷和媒体因为商借到丁伟都很兴奋，对外宣布：让很多队"垂涎三尺"的云南队丁伟八段已经名花有主，山东队就像半路杀出的程咬金，已经"幸运"地摘到这个"宝贝"！（《齐鲁晚报》2005 年 01 月 14 日）

说完了 2005 年的转会之事，我们再来看看"松松围棋队"是怎么回事？

到次年（2006 年），云南队又打回了甲级圈，丁伟和王垚又回到云南队，为什么出现了一个奇怪的队名——松松围棋队？而且没有了地域标志，一时成为围甲圈里的“一朵奇葩”！那是因为直到开赛前云南队都找不到一个赞助商，万般无奈下迫使云南队“卖壳”，将“参赛权”卖给北京一家叫“松松”的电器公司，结果香港队“买壳”从乙级队上来打甲级赛，但香港队却没有买到冠名权，最后结果是由云南队和香港队的部分队员组成新的战队，使用的名称是“松松围棋队”，就这样，丁伟怀着复杂的心情在松松队里又打了一年。好在松松队名松力不松，保住了甲级队的资格。直到第三年（2007年），迪庆州旅游公司与云南队签了三年的赞助协议，使云南队比赛的资金来源得到保证，因此接下来三年的称谓都是云南香格里拉队。

截至2017年，云南围棋队在围甲十一届的征战中，较好的成绩是曾经获得三次亚军，一次第三名、一次第五名。

三次亚军分别是在2000年、2002年、2016年获得，除了2016年云南永子队以柯洁为核心率队获得亚军外，其他两次丁伟都毫无疑问地担当主力。一次第三名是于2001年获得，一次第五名是2007年获得。从云南队前十届的成绩来看，对比丁伟状态的起伏，他的黄金三年是2000、2001、2002年，到2007年荣升九段后又迎来了丁伟的第三个高潮，这无疑对云南队的战绩产生了直接的影响。

2007～2008年，丁伟的棋力又一次进入高峰期，那时他已近三十岁，常昊、古力等队友在闲聊中建议丁伟把握这个机会，争取夺得一个世界冠军，因为那时排名世界第一的李世石不止一次败给丁伟。于是，丁伟打算找一支能更好地发挥自己才能的棋队效力，选择于2009年初离开云南队，到广西队效力，这对云南队而言，无疑是一个巨大的打击，其实力被大大削弱，直接导致2009年云南队的围甲积分落到最后一名而降级为乙级队。从2010年到2015年的六年时间里，围甲的12支队伍里，一直不再有云南队的身影，

◆ 2009 年 11 月，在第一届全国智力运动会上，丁伟作为云南队的队员与北京队的孔杰进行比赛（左为丁伟）

云南的棋迷伤憾不已，直到 2016 年云南保山永子队取代安徽宁国市政队重登围甲，使云南棋迷的愿望得以再次实现。但遗憾的是，也只有一年的光景，次年（2017 年）在中国围甲的舞台上，又难觅云南队的踪影了。本人猜想，云南队之所以难再现身，一方面是云南的经济总体落后，赚钱的大企业比沿海和中部少很多；另一方面是云南队一时缺乏得力干将，不易获得好的名次；再一方面云南地处内陆边缘，文化总体欠发达，真正懂得围棋，喜欢围棋的企业家就更少。如果一个企业家不懂围棋，你去劝说他一年花费 100 万元赞助一支围棋队打围甲，他很难理解投资围棋有什么价值。劝说难度之大，是难以想象的！

2009 年至 2015 年，前后六年的时间，丁伟一直为广西队战斗，但战斗的方式由一线主力逐渐退到非主力，再退到一般队员兼教练，后来专司教练。

广西队出现在围甲圈最早是2007年，队员有刘小光、牛雨田、李康、张立、王幼侠、廖行文6位，当年年终排名第9名，2008年排名第10名。

2009年丁伟到广西队后，加上其他四名队员牛雨田、李康、张立、廖行文，经过苦战，当年排名稍有上升，排名第8；到2010年赛季，广西队原班人马在丁伟的带领下，以不同以往的斗志，更成熟的队员调度，更默契的配合，取得了广西队目前为止的最好战绩，年终排名进入第5名。

历史发展的规律经常是辉煌过后是落寞，广西队和丁伟也未能免去。在2011年终，广西队滑落到第11名，降为乙级队；2012年，广西队打围乙时引进当时的“世界围棋第一人”李世石。李世石曾获过20多个世界冠军，加入广西乙级队，无疑是困境搭手，雪中送炭，给广西队以极大的鼓舞。当年在李世石的带领下，加上丁伟、张立、廖行文的努力，广西队又升入围甲圈。从2012年开始到2015年结束，李世石一直在广西队效力，前后总共四年。

◆ 2012年，丁伟作为广西华蓝队的教练兼队员，和李世石等队友经过奋战重返甲级战场，大家合影纪念（自左往右：领队周结凝、李世石、丁伟、张立、廖行文）

进入2013年赛季，丁伟的角色有所变化，作为队员的同时还兼任教练，在安排指导队员训练的同时，还要操心比赛的诸多事宜，因为广西队长期实行的是“输棋换将”的方式，丁伟也要时不时上阵征战。2013年年终排名第8，这个成绩同丁伟来到广西队打围甲第一年的成绩是一样的。2014年，团队在主力李世石的带领下，经过磨合与调整，到赛季结束时，获得了第6名的好成绩，这一年，丁伟已经专司教练之职，不再到一线作战。然而在2015年，虽然还是原班人马，丁伟还是教练，大家还是十分拼命，但最后仍落到最后一名，再度降级。面对这样的结果，主力李世石也非常痛心和愧疚，宣布放弃赛季奖金，但广西队还是按照协议付给了他。

2015年的广西华蓝队降级，使投资方华蓝集团放弃了广西队，转而办起了中国城市围棋联赛，丁伟在广西队服役的历史到此结束。

2016年，河南亚太集团接下了广西乙级队的原班人马，组

◆ 2016年，广西队变更为河南亚太俱乐部，征战围甲时合影（自左往右：丁伟、李世石、陈贤、张立）

建河南亚太俱乐部队，队员包括李世石九段、张立六段、廖行文五段、陈贤五段，丁伟仍然担任教练，在年中围乙比赛全部结束时，河南亚太队完成了升甲的目标。至此，丁伟觉得自己完成了作为河南队教练的任务，对河南队的投资商亚太集团交了一份满意的答卷，于是辞去了教练之职，也没有到别的队伍效力，彻底告别了中国围棋甲（乙）级联赛，开始了专心培养围棋后辈的新的历程。

在结束丁伟围甲围乙的征战历史的介绍前，还必须交代一下丁伟在前 11 届围甲比赛中创造的记录。从 1999 年到 2008 年底，丁伟参加的全是围甲战，十年里所有的选手中，只有他一个人坚持下满了全部的 216 盘对局，被称为“全勤王”，堪称围甲“铁人”，而且胜率高达 61.11%。这是一项无人能比的记录，十年围甲赛场上总胜率超过 70% 的只有两人，即古力和常昊，总胜率在 60% 以上的不到十人。

“全勤王”记录的终结，发生在 2009 年 12 月 12 日，全国围棋甲级联赛进行了第 21 轮的角逐。比赛前，丁伟就希望能参加国际大赛自动终结全勤记录，遗憾的是在 10 月的三星杯八强赛和 11 月的农心杯三国擂台赛上，丁伟状态不佳都没有胜下一局，甚至在围甲中也出现了罕见的四连败。但教练和队员都不愿轻易中断他的全勤记录，丁伟权衡了自己的状态，觉得仍然不佳。为了完成保级任务，也为了不再让教练为难，丁伟主动提出换人上场。这轮比赛，广西华蓝队做客西安，换人以后，广西队以 3 ∶ 1 力擒本赛季黑马西安曲江队，全取 3 分，以 32 分的成绩在积分榜居第七，完全脱离“保级”的“是非之地”。但美中不足的是，丁伟保持了逾 10 年的全勤纪录，至此戛然而止。这一天发生的事情，可以戏称为丁伟的“双十二事变”，因为发生的时间与地点凑巧与历史上的事变相吻合，当然，这个事变就是大家更熟悉的“西安事变”。

海峡两岸与国际征战

关于丁伟国际征战的资料主要来源于以下三个方面：一是《中国围棋年鉴》；二是《围棋天地》；三是网站资料。

笔者查了几个国内较大的棋谱网站，归拢之后，可以确认丁伟最早的可查的棋局是1994年4月5日与王洪军的那一局，最晚的一局是2014年4月1日与张涛的那一局，前后总共20年，可查的有555局。当然还有一些国外作战的没有收进去，比如2008年第13届三星火灾杯在韩国首尔举行，丁伟从第一轮战到第五轮，经历了与彭荃、金荣桓（韩）、李贤旭（韩）、金起用（韩）、朴升哲（韩）的五次战斗，但我们能够查到的只有第五局与朴升哲作战的棋谱。

目前笔者所查到的收录丁伟棋谱最多的网站是“围棋学研网”，里边可查的有555局。其次是“101围棋网”，还有“中国棋牌网”。我们把丁伟作为中国棋院的棋士与大陆以外的棋手在两岸与国际比赛的棋谱从“围棋学研网”罗列出来，全部加起来正好有50局，那我们就从这50局着手，了解和学习丁伟为国效力、奋力拼搏的各个瞬间，期间有胜利后的舒心和喜悦，也有失败后的苦闷和彷徨。

这50局里胜负比为28 ∶ 22，胜率为56%，应该是丁伟正常的实力表现。这20年里丁伟参加的两岸与国际比赛的大战有如下13种：

1.1995年第3届海峡两岸中环杯交流赛

2.1995年第2届中韩新锐赛

3.1996 年、1998 年中日围棋交流赛（秀行军团访华）

4.1998 年、2000 年两届富士通杯世界围棋锦标赛

5.1999 年、2002 年、 2008 年三届春兰杯世界职业围棋赛

6.2000 年、2002 年两届亚洲杯电视快棋赛

7.2003 年 、2004 年、2006 年三届 CSK 杯亚洲四强赛

8.2003 年、2008 年、2009 年三届三星杯世界围棋公开赛

9.2006 年、2007 年、2008 年、2009 年四届 LG 杯世界棋王赛

10.2008 年第 1 届世界智运会男子团体赛

11.2009 年第 11 届农心杯世界围棋团体锦标赛

12.2010 年、2012 年两届 BC 信用卡杯 64 强赛

13.2011 年中国首届富业天成海峡围棋节

在以上的大赛中，丁伟成绩如下：

1995 年，获海峡两岸“中环杯”冠军；

2000 年，获第 12 届亚洲杯电视快棋赛四强；

2004、2006 年，获第三届和第五届 CSK 杯亚洲团体赛冠军；

2008 年，获第七届“春兰杯”八强、首届世界智力运动会团体亚军。

交流和比赛中，对阵过一流选手，也有超一流选手，主要的我们列举如下：

韩国选手：徐奉洙、睦镇硕、李世石、曹薰铉、李昌镐、朴永训、崔哲瀚、崔明勋、李圣宰、朴升哲、洪性志、金志锡、李映九等。

日本选手：依田纪基、结城聪、河野临、高尾绅路、坂井秀至、今村俊也、彦坂直人、中野宽也、王立诚、仓桥正行等。

中国台湾选手：周咸亨、林海峰、张栩、周俊勋、林汉杰、陈诗渊等。

本书最后精选了丁伟在海峡两岸与国际征战中的棋谱以志纪念，其中有 20 谱精彩对局和 10 谱经验教训供欣赏与借鉴。

接下来我们重点看看丁伟与今村俊也、李世石之间的比赛情况。

丁伟在2000年的第12届亚洲杯电视快棋赛是进入四强：依田纪基、曹薰铉、李昌镐、丁伟。丁伟是因为获得同年的CCTV电视快棋赛的冠军，所以有资格进入亚洲杯的角逐。比赛于2000年5月28日至31日在韩国庆州市举行。按照惯例，参赛队员由中日韩三国推选出本国的冠亚军，再加上上届冠军依田纪基，共七名棋手参加。中国参加的快棋冠亚军是丁伟七段、罗洗河八段。韩国的代表是李昌镐九段和曹薰铉九段。日本的代表是今村俊也九段和柳时熏七段。

经过抽签，丁伟对上今村俊也九段。今村俊也九段是日本著名的快棋手。1980年入段，同年二段，1990年九段，他只用10年的时间就达到九段，可见其棋力其实不弱（说到这里，笔者想到丁伟如果2002年战胜罗洗河，就可以升为九段了，这样的话，正好是十年。那年的升段赛，与小猪对局，丁伟的局势领先，但他看到小猪在苦苦长考，一双大眼睛有点茫然地看着丁伟，丁伟只好“放生”了。同时也把自己放了五年才升上去。）。今村俊也曾经获得过日本新人王战等新锐棋战冠军，1989年他打进第14届棋圣战决赛，与小林光一九段争夺冠军，但1 ∶ 3落败。今村九段也曾经在名人、本因坊循环圈中活跃，但总体上成绩不算非常突出。他在日本NHK杯快棋赛获得冠军后，拥有参加亚洲杯快棋赛的资格。

比赛开始，在30秒一步的快棋赛上，丁伟执黑先行，布局采用星小目。然后占角围地，布局尚未结束，在第28手时，今村九段就不再布局，开始断棋厮杀。今村九段在条件尚未成熟的情况下把丁伟左下方的棋断为两块，就是因为这一手，使他在中腹背上了沉重的负担。双方很快杀得不可开交，后来今村九段走了缓手，丁伟占据战场的主动权，纠缠着今村九段在腹地的一条龙。今村九段虽然把丁伟的棋断为两块，但丁伟胸有成竹，把被包围的两块都做成活棋，而今村九段的大龙被关在丁伟的势力范

◆ 2009 年 10 月，第 14 届“三星杯”16 强战丁伟（左）与世界冠军李昌镐（右）对战

围内无法做活。激战了大约 50 分钟，双方共走了 119 手，今村九段因为中央的大龙被屠，看看败局无法挽回，干脆中盘认输。但丁伟在半决赛中输给了曹薰铉九段，止于四强。从后来丁伟个人参加的世界比赛的成绩来看，进入四强是他最好的战绩。

从“围棋学研网”查到：丁伟与李世石的对战总共只有四张棋谱，也就是他们只有四次交集。一张是在中国围甲的遭遇战，另外三张是在国际比赛上，后者与本节题目相吻合。双方的第一次交手是 2004 年的 CSK 杯的冲绳之战，第二次交手是 2008 年 3 月的第 7 届春兰杯的杭州之战，第三次交手是同年的 8 月，在第 1 届世界智力运动会的男子围棋团体赛上的北京之战。

第一次交手：冲绳之战（2004 年 3 月 23 日）

CSK 杯亚洲团体赛，由日本棋院和冲绳 CSK 集团主办，中国、日本、韩国和中华台北各派五名棋手参赛。2002 年创办，2006 年停办，共举办五届。中国、韩国各夺冠 2 次，日本 1 次。中国夺冠的这两次，恰好丁伟都去日本冲绳和大分参加了比赛，他的战绩在 2004 年要好一些，特别是在与韩国李世石九段的作战中，

◆ 2010年2月，第2届“BC卡杯”32强战丁伟（右）和韩国九段曹薰铉（左）对战

下得有勇有谋，大气磅礴，取舍得当，酣畅淋漓，干脆利落，围杀了中腹的一条龙，还先手成了左边的大空，迫使李世石九段中盘认输。双方总共只下了144手，因此说输赢都比较干脆。

说起丁伟与李世石的丁李战，也可以说是龙虎斗，因为是小龙与太极虎的战斗。李世石从2002年收获第一个世界冠军算起，到2016年已经获得14个世界冠军，被称为“疯狂的石头”。在2014年的古李十番棋（是中国围棋名将古力与李世石的十番棋大战）中，他意气风发，取得了6∶2的辉煌战绩，独揽500万元人民币奖金。他的棋风特点属于典型的力战型棋风，善于敏锐地抓住对手的弱处主动出击，以强大的力量击垮对手，他的攻击可以用“稳，准，狠”来形容，经常能在劣势下完成逆转。作为韩国新生代的耀眼之星，他在冲绳之战前就已经获得了2002年的第15届富士通杯冠军，次年又获得富士通杯和LG杯冠军，正是春风得意，踌躇满志之时，这次碰到丁伟，开始了他“遇丁苦旅”的历程。因为丁伟的棋风也是力战型，与李世石不同的是锐利与轻灵不够，更看重厚实。

第二次交手：杭州之战（2008 年 3 月 17 日）

春兰杯世界职业围棋赛，作为中国棋院主办的唯一一项世界大赛，中国棋手在春兰杯比赛中占有人数上的优势，然而前五届比赛却始终与冠军无缘，很大程度上就是因为日韩棋手往往能凭借一己之力突围而出，特别是李昌镐在第五届比赛中以一敌六，最终还是从周鹤洋手中夺走了冠军奖杯。而中国棋手打破零蛋尴尬的第 6 届春兰杯赛，则是因为早早地就将个人能力很强的李昌镐和李世石淘汰出局。

第 7 届春兰杯于 2008 年 3 月 15 日开始，当时的李世石战绩赫赫，刚刚过去的两个月连获两个世界冠军（三星杯、LG 杯），威风八面，横刀立马，无人能敌，俨然是世界棋坛新王者的气势。本届春兰杯他也是中国棋手的头号对手，围棋高手几乎到了“谈石色变”的程度，绝大多数棋手都害怕与他抽签相遇。但丁伟因为已有胜过他的记录，并不畏惧，因为棋风相同，准备以力克力。这盘棋进程激烈，开局不久双方即在右下角展开搏杀，此处出现一个巨大的劫争。劫争结束后，李世石的黑棋在下边、丁伟的白棋在右边均完成整形，而且棋都比较厚，形势仍不明朗。随后左边的战斗决定了最后的胜负，丁伟在这一战中收获颇丰，形势渐渐对白棋有利。在实地不足的局面下，李世石于 204 手投子认输。

有媒体报道，在比赛之前，中国棋院的领导向记者表示，8 强里边至少要保证五个，进入六个的话属于正常，而如果能够进入七个的话就很完美了，“李昌镐和李世石那两盘棋，我们都要略处下风，能拼下一个就不错了。”由此可见，丁伟的这盘胜利应该是“计划之外”的，然而确实价值连城，甚至可以这么说，这一盘棋的胜利已经基本上确保了春兰杯将连续在第二年也成为中国棋手的战利品。就像《现代快报》所言：一盘棋决定春兰杯归属！果然最后常昊在决战中战胜李昌镐，夺得冠军，没有让众人的努力白费。（《现代快报》2008 年 3 月 18 日）

本届比赛丁伟表现最为抢眼，为中国棋手取得了超重量级的胜利，媒体说“龙飞虎变成打虎英雄”，他先后淘汰了日韩最强者“老虎”依田纪基和“太极虎”李世石，为中国队卫冕道路扫平了两个强敌，堪称春兰杯前两轮最出色的棋手！也算是难得的中日韩“三虎斗”奇观。

记者采访丁伟时，问他对于连胜日韩高手有何感想？丁伟表示，他们实力都很强，“这是我第二次赢李世石，上一次是在2004年，但并不代表我就比他们强了。”（《武汉晚报》2008年3月18日）

自从2007年7月17日丁伟升上九段后，他的围棋生涯迎来了第三个高潮。2007年到2008年作战的心态平和了许多，战绩也不断提升，对孔杰和胡耀宇两位苦手也有一定突破，还获得了

◆ 2006年5月，到日本大分参加“CSK杯”亚洲团体赛，赛前一天进行修整（自左往右：常昊、古力、孔杰、丁伟）

第 20 届永城杯名人战挑战权，两次与李世石的大战也握胜券。但也有遗憾，就是没能把胜利进行到底。

第三次交手：北京之战（2008 年 10 月 17 日）

第一届世界智力运动会于 2008 年 10 月在北京举行，运动比赛分为五大类(四棋一牌：国际象棋、中国象棋、围棋、国际跳棋、桥牌)，各国都选派本国的一流高手参加。这次参加围棋比赛的人数达到数百人。中国的围棋队规模也比较庞大，人数为 34 人，包括古力、常昊、孔杰、王檄、陈耀烨、周睿羊世界冠军等国内最强阵容，女子围棋队也是如此。围棋比赛的个人赛与团体赛的参赛队员各不相同，不能交叉。

在各国组队参赛时，都希望在这次规模空前的大赛上把本国最美好的一面展示出来。围棋界最看重的是这枚含金量最重的男子团体金牌，这关系到中、日、韩围棋争霸的最新格局。日韩团体阵容中高手众多，尤其是日本，最高头衔如棋圣、本因坊、十段、天元等获得者全部出现在团体赛阵容中，男团队员是山下敬吾九段、羽

◆ 2004 年参加世界围棋团体赛，与队友夺冠归来（自左往右：丁伟、孔杰、王磊、王檄、俞斌）

根直树九段、高尾绅路九段、河野临九段、依田纪基九段。大有誓夺男团金牌之意,并扬言“要争取在智运会中捍卫日本围棋的荣誉”。个人赛倒不是他们的重点，如果赢得男团这块金牌，日本围棋的厚度得以印证，也对日本棋迷有所交代。

由于中国的古力、常昊等全部参赛，日本派出强力棋手，韩国棋院也希望能以最强阵容迎战。但李昌镐看了赛程后，因连续五天，一日两赛，体力消耗过大，以身体健康为由婉拒参赛。韩国棋院理事长许东秀表示：“要派出符合世界围棋最强国实力的棋手参赛，争取最好成绩。”许诺获得团体及个人金牌的每位棋手奖励 500 万韩元的奖金，并调整了参赛棋手的国内比赛日程。李世石原来不打算参加智运会，韩国棋院秘书长与他进行了两小时面谈，最终说服了李世石参加围棋团体赛项目。韩国男团的五名队员是：李世石九段、元晟溱九段、崔哲翰九段、韩尚勋三段、李映九七段，替补：金志锡四段。因为李世石领军，他们认为韩国队具备了冲击团体冠军的实力。

3 月 17 日是比赛的最后一天，围棋男团的决赛最终在中韩之

◆ 2008 年 3 月，第七届“春兰杯”世界围棋锦标赛第二轮丁伟（左）与世界冠军李世石（右）比赛中

间进行，中国队派出常昊、孔杰、丁伟、谢赫、朴文垚与韩国队的元晟溱、崔哲翰、李世石、韩尚勋、金志锡对决。

在决战中，中国队先拔头筹，丁伟执白击败了韩国队“天王”李世石，中国队形势大好，但比赛结束时，中国队除了丁伟取胜以外，其他四人全部输了，痛失最重一金。

开赛前，当丁伟来到赛场看到自己的名签和李世石的摆在一起的时候，自信地一笑，几位队友也纷纷拍拍他的肩膀以示鼓励。在同年年初的春兰杯上丁伟曾经淘汰李世石，为中国队蝉联春兰杯扫清了一大障碍，此番再次相遇，李世石虽然报仇心切，但开局的招法却平平稳稳，一副官子争胜的架势。丁伟见招拆招，棋局早早便划清界限，进入官子争夺。双方最后的“纠纷”发生在中央，李世石忽然发力，欲绞杀中腹丁伟数枚白子。但丁伟早有准备，一番激烈的对杀过后，双方恰好形成双活。

双活之后全局黑棋实地稍差，不过此时棋盘已经太小，很难找到翻盘的地方，李世石索性爽快投子，直接开始复盘，双方共弈 156 手。虽然输棋，李世石心情却还不错，复盘时他对自己开局的一些缓手，检讨不已。

综观丁李战的这三局，都是丁伟执白取胜，这三局的布局，李世石先后用了错小目、边小目、中国流来对付丁伟，而丁伟却以不变应三变，全部都用二连星，双方三局都下得干脆利落，其中两局棋不到 160 手，另一局也刚刚超过 200 手，即 204 手，都是白棋中盘获胜。丁伟与世界冠军的三次力战都能获胜，由此可见，其实力也非同一般，但没能获得个人的世界冠军，说明运气也实在不佳！

最后来说说丁伟和睦镇硕的对局。为什么要把睦镇硕挑出来呢？出于三个原因：一是因为在清风网的故事里双方战成 1 ∶ 1 平，后来就没有下文了；二则双方年龄相当，丁伟仅仅比睦镇硕大半岁多一点；三是双方在各自的国家所处的围棋地位相当。那

◆ 2009 年 9 月，围甲战场上，丁伟（右）代表广西华蓝队与李世石（左）进行比赛

么我们从现实的对局中，再看看双方的胜负情况。

从“围棋学研网”搜集双方战谱，共有四局。

最早双方于中韩新锐战对阵，发生在 1995 年 10 月 31 日的上海，共走了 136 手，丁伟中盘获胜。

第二次相遇于 2000 年 4 月 8 日的第 13 届富士通杯预选赛，战于日本东京，共走 228 手，睦镇硕中盘获胜。同年，二人在清风网相战。

第三次交手是在 2005 年 10 月 1 日中国围甲的战场上，睦镇硕是以重庆队外援的身份与云南队的丁伟作战，共走 237 手，睦镇硕中盘获胜。

第四次终结之战发生在 2008 年 9 月 3 日的第 13 届三星杯第一轮，战于韩国大田，共走 285 手，丁伟最终胜了半目。这个结果与网络里的龙飞虎与小猪的第八局（最后一局）的结果是惊人的相同。

总的来看，双方战成了 2 ： 2 平，再次证明双方实力相当，不分伯仲。

◆ 2009 年 11 月，参加“农心杯”世界围棋团体锦标赛，作为先锋与金志锡对战（左一为丁伟）

◆ 2011 年 8 月，在滇台围棋交流赛上丁伟（右）与黑嘉嘉（左）对战（为抗议之前不久发生的千灯杯选拔赛男女棋手待遇不公事件，黑嘉嘉在比赛中使用了自己题写的“抗议性别歧视”的扇子）

八 再回昆明造福桑梓，推广围棋谱新篇

永子棋院

丁伟从2013年下半年开始把工作重心逐渐转到云南，到2018年已是第五个年头。这几年里，在云南省体育局的指导和帮助下，在教育、民政、工商等部门以及围棋界同行的支持下，丁伟主要做了以下几件事：一是成立“丁伟围棋教室”及“龙飞虎围棋俱乐部”；二是到昆明城区许多幼儿园和小学普及推广围棋；三是参与协商把2014年围甲的广西华蓝队主场定在昆明，并邀请了国家队数人来指导棋迷；四是促成并协办了两届云南省大学生围棋联赛；五是牵头拉起昆明龙飞虎队参加全国城市围棋联赛；六是邀请北京“燕山手谈社”的队员到云南手谈交流；七是参与和支持全省一些地区的围棋活动，并到多地与学生交流；八是协办了第一、第二届云南省“版纳茶仓”杯全国少儿围棋公开赛；

◆ 2017年8月，世界冠军柁嘉熹九段（左五）到丁伟围棋教室交流指导，并与部分教师合影纪念（左三为付冲、右四为陈明川、右五为丁伟）

◆ 2015 年 5 月，到保山学院出席围棋指导活动，并接受保山学院围棋客座教授的聘书（前排左六为丁伟，前排右五为保山市永子文化产业有限公司董事长陶晓昌，前排右六为时任保山学院党委书记李治刚）

九是作为围棋友好使者到国外交流棋艺。

至 2014 年中期，丁伟基本不再参加国内外头衔的赛事，也不再到围甲第一线战斗，把机会更多地留给年轻人。那么我们把丁伟进入职业初段后到 2014 年的战绩回顾一下：

丁伟的升段资料：1992 年入段，1993 年升为二段，1994 年升上三段，1995 年升上四段，1997 年升上五段，1998 年升上六段，1999 年升上七段，2001 年升上八段，2007 年升上九段。值得一提的是，丁伟是到目前为止通过升段赛晋升九段的最后一人，此前在 2002 年，罗洗河通过升段赛晋升九段。

主要荣誉：（只罗列国内比赛冠亚军、世界比赛八强以内）

1995 年，获海峡两岸“中环杯”冠军；

1997 年，获全国围棋个人赛冠军；

1999 年，获全国围棋个人赛亚军；

2000 年，获中国 CCTV 电视快棋赛（步步高杯）冠军、中国第 3 届 NEC 新秀杯亚军、中国第 7 届新人王赛亚军、获第 12 届亚洲杯电视快棋赛四强，作为主力带领云南队在围甲赛中获亚军；

2001 年，获中国第 15 届“天元战”亚军；

2002 年，中国招商银行杯快棋赛亚军、中国西南王赛亚军、作为主力使云南队在围甲中获亚军；

2003 年，中国西南王赛亚军；

2004、2006 年，获第三和第五届 CSK 杯亚洲（三国四队各出五名选手）团体赛冠军；

2007 年，获第二十届中国“名人战”亚军；

2008 年，第七届“春兰杯”世界 8 强、首届世界智力运动会获得团体亚军。

一、成立“丁伟围棋教室”及“龙飞虎围棋俱乐部”

丁伟在 2013 年 7 月中旬回楚雄探望双亲，暂留昆明时，碰到云南围棋界许多的职业与业余的棋友。在许多次的见面会上，大家一方面向丁伟请教授子棋对弈，另一方面请丁伟考虑回云南来宣传国粹，推广围棋。当时丁伟已经 34 岁，近年的国内大赛成绩不太理想，听了棋友的建议之后，开始认真考虑回到家乡来推动围棋的普及和发展一事。

经过两个月的酝酿，他决定把工作重心转回云南，准备成立“丁伟围棋教室”。又经过半年多的筹备，终于在 2014 年 3 月成立并试运行，一年后的 2015 年 2 月正式成立。从试运行以来已有四年的岁月，教室整合了昆明一些棋校资源，在初端、中端等方面进行大力宣传与培育，邀请云南的围棋高手一块儿来培养云南好的围棋苗子，比如陈明川七段、段嵘七段等，另外聘请付冲六段等来到昆明教学。

◆ 2016 年 11 月，在临沧的第九届农运会上与农民围棋爱好者进行车轮战指导

◆ 2016 年 11 月，在临沧举办的云南省第九届农民运动会专门开设了围棋项目，受时任云南省副省长张祖林（右一）的委托，丁伟邀请了时任中国围协副主席林建超（右二）、国家队总教练俞斌（右四）亲临现场指导（右三为丁伟）

◆ 2018 年 11 月，国家队总教练、世界冠军俞斌（后排左四）参观丁伟围棋教室，与教职工合影（后排左三为丁伟）

围棋是一种脑力体操，有十大功效：一是培养少儿的独立意识；二是培养少儿的专注力；三是培养少儿的观察能力；四是培养少儿的逻辑推理能力；五是培养少儿的抗挫折能力；六是培养少儿的换位思考能力；七是培养少儿的计算能力；八是培养少儿的想象力；九是培养少儿的创造力；十是提高少儿的分析问题、处理问题、解决问题的能力。

在丁伟回云南前，昆明的许多幼儿园认为围棋高深玄妙，都敬而远之，开围棋辅导课的几乎是一片空白。经过几年的宣讲与劝导，丁伟在昆明城区的 20 所幼儿园开讲围棋课，普及面在逐步扩大。

四年来，在省内外同仁的帮助下，在全体教师的努力下，丁伟围棋教室目前已经取得较大的成就，教学课堂主要分为两个方面：一是幼儿园和小学；二是教室本部及印象校区、永昌校区。前者是由丁伟围棋教室派教师到昆明的幼儿园给选修的幼儿、到

◆ 2018 年 10 月，中国围棋协会副主席、世界冠军常昊（右）参观丁伟围棋教室（左为丁伟）

◆ 2018 年 10 月，中国围棋协会副主席、世界冠军常昊（后排左六）参观丁伟围棋教室，与全体教职工合影（后排右四为丁伟围棋教室顾问陈明川，后排左五为丁伟）

小学给上课的班级上围棋课，属于普及的最基础阶段；后者在本部教学，从事社会招生，专门招对围棋感兴趣的学生，有入门班、初级班、中级班、高级班、冲段班，另外还专门筛选围棋天赋好的种子编成豹子班。豹子班准备打造成云南将来的代表队，而冲段班由 3、4 段冲击 5 段，这两个班丁伟都十分重视，都由丁伟亲自授课。经过三年努力，到现在，接受丁伟围棋教室指导，开展围棋校本课教学的小学生以及培训过的围棋学生已经达到 6000 多人次。随着社会的发展，素质教育的加强，对围棋国粹有越来越深刻的认识，相信让孩子来学习围棋的家长会越来越多。

随着昆明的围棋教学逐步打开以外，其他州市的围棋教室也希望加盟，但丁伟苦于教师不足，尚未向昆明以外铺开。

二、到昆明城区许多幼儿园和小学普及推广围棋

围棋在“琴棋书画”里被列为中国传统四艺之一，但在实际中却往往没有太多的人重视，家长们似乎更钟情于音乐、书法、绘画，这三方面普及与练习的人数要多出围棋很多。丁伟对这种现象感到遗憾，但更让他坚定了在故乡云南弘扬围棋国粹的决心，计划用十年的时间打造云南的国手，在世界大赛上崭露头角。

要达成远大的目标，必须从娃娃抓起！千里之行始于足下，丁伟不辞辛苦，不觉劳累，先到呈贡新区昆明市教育局打听“三棋进校园”的政策，得到政府的支持，然后进到一所一所幼儿园，敲开一所一所小学的大门，说服园长或校长，不断让围棋在各个幼儿园和校园生根、开花。截至 2017 年 8 月，丁伟围棋教室教师负责上课的幼儿园加上小学有近 20 所。

在围棋进校园方面，丁伟首先从进幼儿园开始，不久又进入小学。结合 2001 年国家教育部与体育总局共同发函《关于在学校开展“围棋、国际象棋、象棋”三项棋类活动的通知》，在城区与郊区的小学里进行围棋的推广普及，最远的去到离根据地“丁伟围棋

国
防
杯

◆ 2016 年 9 月，丁伟围棋教室承办的“国防杯”昆明市少儿围棋比赛在富滇银行举办，促进了围棋技艺的普及推广

◆ 2016 年 12 月，到普洱市出席云南省中小学围棋比赛活动

◆ 2017 年 7 月，云南省第一届中小学生围棋联赛在普洱举办，陈明川（左一）和丁伟（右一）应邀出席指导

◆ 2017 年 8 月，丁伟围棋教室主办的围棋夏令营在北京与李世石围棋学校的学生进行交流并合影

教室”20多公里远的经开区一小、二小推广。第一次到这些学校，都是围棋老师拉着一百多副围棋，包括木质棋盘（因为小学的课桌稍窄，折叠的塑料棋盘放不下）到学校，经常都是装成五六个纸箱，那些女教师搬得非常辛苦。但为了推广普及国粹的事业，大家都把吃苦当成一种锻炼！

丁伟在推广普及围棋的过程中，置身高处，不畏艰难，待人诚恳，做事踏实，事事躬亲，身体力行。所谓置身高处，比如一些学校领导第一次听说围棋的益处，允许丁伟围棋教室的老师来讲课，但只付来回的交通费，相当于义务讲授，但丁伟都要求老师认真去上，某种意义可以说是在做传承国粹的一种公益！关于丁伟的踏实认真、吃苦耐劳的做事风格，比如订购围棋，亲自到新螺蛳湾物流城和物流人员把四十多公斤重的纸箱一个接一个抬着装上汽车，跟着驾驶员运到位于金星立交桥的丁伟围棋教室，然后又和教室的老师一块下货，并搬到三楼。办完这些事，丁伟从不说一个累字，反而关心别的老师，让她们注意别累坏了，要注意适当休息！

三、参与建议，决定把2014年围甲的广西华蓝队主场定在昆明

丁伟自2013年在广西华蓝队一方面是队员，另一方面又兼教练，到2014年，只做教练了。到2015年底，因为广西华蓝队降为乙级队，广西的华蓝集团改做全国城市围棋联赛，华蓝队原班人马被河南亚太集团购走，丁伟到河南亚太队仍然做教练。到2016年中期，河南队在乙级赛里取得佳绩，又回归甲级队，这与丁伟教练的高效训练和临阵科学布局有密切关系。到2016年结束，丁伟不再担任教练一职。广西华蓝队长期征战于中国围甲联赛，丁伟由最初的队员，到后来成为教练，为华蓝队能够长期保级做出一定贡献。为了打造昆明的围棋氛围，他还专门与领队商量，把华蓝队2015年的主场放到昆明，并邀请了当时的中国棋院院

长刘思明，还有其他的国家队著名国手如俞斌、邵炜刚、罗洗河等，另外广西队聘请的当时世界排名第一的李世石也到场，新浪网、腾讯网等大牌网络传媒到场现场直播，使前去观战者颇感荣幸。一时间，高手云集，丁伟这次策划为昆明棋友带来了一次一生难求的围棋饕餮大餐！

2014 年 10 月 9 日，在昆明主场举行的第 15 轮围甲比赛，丁伟作为广西华蓝队的教练，与领队安排了李世石（主将）、陈贤、牛雨田、廖行文四人上场，与上海队的邱峻、胡耀宇、范蕴若、常昊对阵，最后获得 3 ： 1 的胜利。当天，除了队员以外，丁伟还邀请了中国棋院院长刘思明、国家队总教练俞斌、国家队的邵炜刚、罗洗河，还有云南本土高手王垚等棋坛大牌来昆明亮相，门户网站新浪、搜狐都来直播，为围棋造势，和盘龙区围棋小学的同学们进行辅导与交流。昆明同时出现这么多的围棋界一流高手，截至目前还是不多的。这都要感谢丁伟的策划和对故乡的感恩之心。除了第 15 轮，还有别的轮次也曾把主场放到云南，只不过笔者有幸在丁伟邀请下到现场亲历了这一轮，还和李世石偶然相遇，一块儿乘电梯从四楼下到一楼，在电梯里抓紧时间合了影，另外也和俞斌总教练、罗洗河合了影。

四、促成并协办了两届云南省大学生围棋联赛

丁伟决定把工作重心转回云南之后，了解到云南的大学生围棋联赛有一段时间没有举办，因此，下决心把这件事情早日落实，希望把多年停办的大学生围棋联赛搞起来。

笔者作为云南师范大学围棋协会秘书长，在曾华副校长的布置下自始至终参与协调了在云南师范大学举办的 2015 年、2016 年两届比赛。

2015 届，丁伟找到云南省学生联合会，因为时间仓促，顾虑到省教育厅一时难以批复。得到省学联的支持后，又找到云南师

◆ 2016 年 5 月，第 19 届中外名士教授杯围棋赛在大理开枰，与时任大理州委书记杨宁（左六），中国围棋协会秘书长王谊（左七）等留影，丁伟（左五）是此次比赛的联络者和组织者之一

范大学的曾华副校长，经曾副校长向学校领导班子提议，并通过讨论同意在云南师范大学举办这次大学生围棋联赛。从 9 月中旬与省学联接洽，到 10 月中旬开始向全省高等学校的学生处（或团委）发通知，让各校组织学生围棋代表队于 12 月 12 日、13 日到云南师范大学参赛。这次比赛的主办方是省学联，承办方就是丁伟围棋教室。本次比赛参赛队来自 30 个单位，选手达到 203 人，是云南高校历史上前所未有的规模。开幕式的主持人是特邀央视的围棋节目主持人陈盈（职业二段），主持的规格是云南围棋比赛少见的。比赛现场特别热烈和火爆，云南农业大学是这次比赛夺冠的热门大学，学校专门派了一辆校车接送 20 多名选手，最后他们取得了这届比赛的冠军，也获得最佳组织奖和道德风尚奖。这届比赛在云南全省的高校中取得很好的效果，促进了国粹围棋在许多高校的普及推广，进一步得到一些学校领导的重视，派专

◆ 2016 年 10 月，丁伟接受丽江雪山棋院的总教练聘书

◆ 2016 年 10 月，与中国围协秘书长王谊同赴丽江，参加丽江雪山棋院的挂牌仪式，并受聘为总教练，与时任丽江市委宣传部部长江勇（左三）、中国围棋协会秘书长王谊（左四），丽江市围棋协会会长吴金庭（右一）合影留念（右二为丁伟）

门的围棋教师辅导学生，又拨款购置了大量的棋具。比如云南经济管理学院的校长觉得让学生学围棋是一个很好的事情，迅速购置了40副围棋和棋盘，让唐贵宏老师带着进行日常训练，结果到第二年的联赛时，他们参赛的队员一跃为35人，成为当届的第一大军团，并在比赛中取得佳绩。

2016届申办的时间比较充足，丁伟去找省教育厅寻求帮助，得到教育厅的大力支持，同意该年的大学生联赛由教育厅发文通知，这次举办的规格更高了，范围也有扩大，参赛的学生不仅有大专生、本科生，还扩大到在读的硕士生、博士生，由教育厅专门发文，定于12月3日、4日仍然在云南师范大学举行，丁伟围棋教室作为协办方。因为丁伟参加大赛的经验十分丰富，故比赛的重大事宜，主要由丁伟提出建议，然后多方商议后形成最后决定。

举办比赛，经历过的人都知道，办赛最重要的是经费的落实，也就是要找到赞助商。丁伟发起并协办围棋比赛，一个人奔波寻找赞助，其中的酸甜苦辣也只有他自己才有最深刻的体会。

这两届联赛，无疑都对云南高校围棋活动的开展产生了推动作用，也逐步得到教育厅的认可与支持，对将来围棋在大学的进一步普及推广产生了积极的作用。

五、牵头拉起昆明龙飞虎队参加全国城市围棋联赛

为了更好地促进昆明的城市围棋发展，应全国城市围棋联盟邀请，丁伟勇挑重担，作为云南出生成长的九段国手，出面组织了“龙飞虎队”，筹集资金，参加了2016年的全国城围联比赛，有力地把云南业余围棋界团结起来，还与云南业余围棋界的高手建立了深厚的友谊。

由广西华蓝集团作为全程合作伙伴提供支持的全国城围联比赛，是围棋比赛上的一个大胆的创举。联赛是采用接力赛形式的团体赛，参赛队伍由5到10人组成，以业余高手为主、职业棋

◆昆明“龙飞虎”队参加 2016 ~ 2017 赛季城市围棋联赛比赛期间队员合影（左二为领队魏宁，左五为陈明川，左六为黑嘉嘉，左三为丁伟）

◆ 2016 年 10 月，昆明“龙飞虎”全体队员合影于杭州，准备迎战夺冠热门韩国首尔队（后排右一为丁伟）

手为辅。每轮比赛，交战的两支队以一盘棋决定胜负。比赛分序盘、中盘和收官三个阶段，各阶段参赛双方必须换不同棋手上场，此外比赛还设暂停、换人和场外指导等环节，在现场还允许主持人进行讲解，评价和推测，以增添悬念性、戏剧性和提高观众的积极性、参与性。

笔者有幸接到丁伟的邀请，在学校工会的支持下，组织了师大教工队去大理，主要是去观摩和与省内的其他业余队交流。这次比赛地点定在大理，是龙飞虎队的主场，对方是南宁队。比赛双方在主席台的左右两边的赛桌上，赛桌后 3 米远是双方各自的讨论席，每方都有七八个选手在一块讨论，在暂停或换人时可以执行他们讨论好的战略和战术。每方相继派一个选手上场，那次比赛规定每个选手比赛的时间不得超过 20 分钟，并且第一个上场的必须是女选手。因为龙飞虎队邀请的女选手是著名的世界围棋形象大使黑嘉嘉，我们有幸能亲眼目睹这位棋坛美女的下棋风采，并荣幸地在赛后同桌共进晚餐。这场比赛专门在主席台中央设置了挂盘进行讲解，由欧阳虹五段主持，他对局势的判断，定式的剖析，发展的预测都讲解得头头是道，很符合棋理，并且性格幽默，语言风趣，很好地调动了观众的参与性和积极性，真是让棋迷们觉得别开生面，大出意外，没想到围棋比赛还可以这样进行，难道不影响场上选手的思维吗？估计选手早已进入自己的小宇宙，已经充耳不闻了。这次比赛的结果是龙飞虎队中盘获胜。

昆明龙飞虎队总共参加了十二轮比赛，对提升围棋技艺，推动云南业余围棋与中外围棋城市队的交流无疑有着积极的意义。

六、促成燕山手谈社来云南比赛交流

为了加强云南棋友与北京著名围棋业余爱好者的联系，丁

伟联系了“燕山手谈社”。“燕山手谈社”是北京一些政界人士、商界精英、教授名人组成的业余围棋社团，以他们为主体，举办了十多届“名士教授杯”围棋比赛。近两年还在连续举办，2014 年 5 月在广东省潮州市举办第 17 届中外名士教授围棋赛，有来自十多个国家和地区的逾百名选手参加了比赛；2015 年 5 月在河南省开封市举行了第 18 届中外名士教授杯围棋比赛。

经过丁伟前前后后两个月的辛苦努力，2016 年第 19 届“名士教授杯”围棋比赛来到云南，正式比赛安排在大理进行，时间为 5 月 8 日至 11 日。为了方便昆明的棋友进行交流，丁伟事先联系一些“燕山手谈社”的棋手先于 6 日在昆明举行了一场“滇池杯”对抗赛及棋文化交流。这届比赛由中国大学生棋类协会主办，大理州文化体育局承办，云南实力集团、中昆资本、大理州

◆左图，上图：2017 年 7 月，参加云南棋友庆祝陈明川七段（中）从教围棋二十周年、丁伟（右一）升九段十周年聚会活动（左一为云南省围棋协会秘书长邱继红）

围棋协会、丁伟围棋教室协办。

来自北京、上海、香港、河北、山东、江苏、江西、广东、四川、贵州、云南以及日本、美国、加拿大、乌克兰等多个地区和国家的100多位爱好围棋的名士教授参加了比赛。世界各地的业余爱好围棋的精英人士如此之多地聚集云南，这可是云南围棋历史上开天辟地第一次。北京“燕山手谈社”的何香涛、袁国建、杜鹰、陈丹淮、蓝晓石、罗云毅等20多人参赛，对促进云南与北京的棋友交流起到牵线搭桥的积极作用，从而也开启了昆明手谈交友交流的新航程，使昆明各界的业余围棋爱好者因为丁伟的倡导而更快地走到一起。

七、参加全省各地围棋推普活动，并到多地与学生交流

丁伟回到云南，把国粹围棋的推广普及当成自己义不容辞的责任和义务！各地州、各县成立围棋协会，只要有邀请到他的，他都抽时间去祝贺，并热心担任顾问。只要各高校有交流的需要，不论再怎么忙，他都要安排时间去与高校棋友见面与交流，特别是与云师大的同学交流的机会最多。一方面是因为两届大学生围棋联赛是在云师大举行，另一方面，他每学期都抽空在云师大的校级公共选修课《围棋智慧与竞技》的课堂上与学生见面，公益性地与学生谈谈学围棋的感受，学围棋的困难，学围棋的作用，自己学棋的道路，还与学生进行互动等等，每次都少不了与学生下指导棋，并与学生亲切合影。

对市县的围棋活动他也抽时间去支持与参与，如去开远、丽江、玉溪、保山、普洱等地。

八、协办了第一、第二届云南省“版纳茶仓”杯全国少儿围棋公开赛

2018年2月4日至6日在西双版纳州举行的首届“版纳茶仓”

杯全国少儿围棋公开赛，是云南省有史以来规格最高的少儿围棋比赛，中央电视台五套也进行了跟踪报道。主办单位为中国围棋协会、西双版纳傣族自治州人民政府，昆明龙飞虎围棋俱乐部与西双版纳州围棋协会协办。整个赛事能够顺利进行，除了要感谢西双版纳茶仓公司的独家赞助大力支持外，整个申办过程丁伟也出了极大的力，联系中国围棋协会的相关主管领导，拟了多次申请文稿，多次奔波往来于昆明、北京、版纳之间。茶仓公司在整个赛事前后的人力、财力、物力的投入超过百万，赛会邀请了围棋界、政界的不少名人到场，如中国围棋协会前任主席王汝南先生，全国政协委员、云南政协原副主席曾华先生，云南物流集团

◆ 2018 年 2 月，在西双版纳州政府和六大茶山的支持下，首届“茶仓杯”全国少儿围棋公开赛在景洪成功举办。闭幕式上，古力、黑嘉嘉、云南省棋牌中心主任李方明、云南省围棋协会主席陆军、陈明川、六大茶山董事长阮殿蓉、丁伟与获奖队员合影

党委书记、副董事长刘家训先生，国家体育总局棋牌运动管理中心围棋部主任王谊先生，世界冠军古力九段，世界女子亚军黑嘉嘉七段，云南围棋协会主席陆军先生，云南省围棋协会常务副主席李方明先生，云南大学副教授陈明川七段等。对于这次活动的举办，亲临现场的国家体育总局棋牌运动管理中心围棋部主任王谊给予了较高期许：“此次赛事是由西双版纳州政府承办的一项重要赛事，对于西双版纳州发展体育事业、提升城市形象具有重要意义。这是西双版纳第一次举办全国范围内的少儿围棋公开赛，希望主办方把比赛办好，做出品牌，以后要让小棋手每年寒假都想到这里参加比赛。将来有条件的话可以举办东南亚围棋公开赛、‘一带一路’沿线各国的围棋公开赛。”

茶仓公司这次出资出人出物大力赞助此次赛事，很好地完成了茶文化与棋文化的亲密互动，茶道与棋道相得益彰，这在全国范围内都是极为罕见的，同样也是难能可贵的。本次全国少儿围棋公开赛在云南省创造了几个记录。首先是赛事规格为云南省前所未有，中国围棋协会和州市级地方政府联合主办，在云南开了先河；其次赛事投入的人力物力财力超过了以前云南省内的其他围棋比赛，嘉宾达到 45 人，工作人员达到 140 人，场地、车次使用极多，资金上百万之巨；第三，邀请了世界冠军来下辅导棋，这在全国少儿围棋比赛中开了先河；第四，参赛所获奖励力度空前，最高奖金或奖品达 2 万元，最高可向中国围棋协会申请业余较高段位待遇；第五，参赛的少儿棋手规模达到了云南的少儿比赛高峰，省内外棋手达 350 人；第六，各项赛事工作规程、服务到位度达到云南少儿围棋比赛的新高，顺利保障了大型赛事的进行。这些办赛经历，成为云南的围棋发展史上的辉煌一页，也为将来云南再次举办全国性赛事提供了有益经验和有力保障。

正是因为省体育局的长期努力，再加上众多从事围棋推普人士的辛勤工作，云南的围棋普及推广形势得到改善，不少州市县

◆首届“茶仓杯”闭幕式上，古力（右一）、黑嘉嘉（右二）分别致辞，祝贺比赛圆满闭幕（左一为丁伟）

的围棋协会也纷纷成立，围棋学校也逐渐增多，了解认识围棋的家长和孩子也明显增加。云南地处西南边陲，山地占全省的94%，是一个名副其实的山的王国，高山耸立，大川纵横，是一个经济、文化相对落后的省份，围棋普及推广的条件比沿海和中部发达省份差很多，普及推广的道路十分坎坷，还会碰到各种困难险阻，真心希望云南推普国粹的人士越来越多！尽管前途崎岖，但像丁伟这样的众多意志坚定者还是会继续前行，一直行走在传播国粹的路上！尽管一开始人并不多，也曾感到寂寞和孤独，但随着教授推广，人们耳闻目睹国粹的益处，加入学习和推广的人会越来越多。只要大家一直努力下去，地处西南边陲的云南终会让世人又一次看到他在围棋文化建设上的为天下先！

九、作为中美围棋友好使者参加第 34 届美国围棋大会

美国围棋大会是北美洲规模最大的围棋年度盛会，近几届都有数百人参与，是一个跨国级别的围棋盛会，已经举办了三十多届，2018 年举办的是第 34 届，围棋大会于当地时间 7 月 22 日在美国东部地区弗吉尼亚州威廉斯堡市历史悠久的威廉－玛丽学院开幕，来自美国、中国、日本、加拿大、越南、韩国、蒙古、荷兰、法国、南非共 10 个国家 400 余人参加本次大会。本次比赛参赛年龄最大的棋手 82 岁，最小的棋手 7 岁。大会前后 8 天，于 7 月 28 日结束。

丁伟受中国棋院的委托，作为中国围棋界的职业棋手代表和友好使者，担任围棋访美团团长，与金茜茜、李亮、中国棋院外事部刘瑞敏一行四人全程参与了围棋大会的活动。此行目的在于助推美国围棋普及推广，加强中美围棋文化的交流往来。除了文化感受交流外，主要任务是下指导棋和给大会参与者做大盘解说，每天都有一至三场的指导安排。

通过参加这次美国围棋大会，丁伟对大洋彼岸的美国式围棋文化有了非常深刻的感受与理解，一方面是感到举办方选择围棋大会的场地独具匠心，威廉玛丽学院是一所美国著名公立大学，创立于 1693 年，是美国历史第二悠久的大学，建校时间仅次于 1636 年建立的哈佛大学，早于耶鲁。以精英教育著称，这里曾走出四位美国总统：乔治·华盛顿、托马斯·杰斐逊、詹姆斯·门罗、约翰·泰勒。学院环境古朴美丽，会场内外显得高雅而温馨，文化底蕴深厚，给人以一种自然而然的人文熏陶。

另一方面对美国围棋大会现场所体现的氛围也有不同感受，没有急功近利的强烈追求，在自由、开放、友好的氛围中体现了围棋大会参加者结交朋友、共同交流以及展现自我的特有功能。美国顶尖的青少年棋手除围棋特长外，更展现出优秀的一面，

大多来自很好的工作及学习单位，有在脸谱研究院研究 AI、有在陆军学院工作、有做智能无人驾驶课题研究等等，涵盖的领域非常广泛，通过围棋，能为今后的人生拓展出更宽广的维度。

丁伟一行带着中国围棋界的深情厚谊来到美国，得到了美国围棋协会的欢迎和款待，在活动中大家认真负责，尽心尽力，顺利完成了交流任务。在大会的闭幕式上，大家对这届美国围棋大会的顺利举办表示了衷心的祝贺，对其举办效果给予了充分的肯定， 并提出一些建议，希望以后越办越好。围棋访美团一行圆满完成了任务，于 7 月 30 日回到北京。

◆ 2018 年 7 月，受中国围棋协会的委托，作为中美围棋友好使者率团出席美国第 34 届围棋大会（右二为四川围棋队教练李亮，右三为美国围棋协会主席 Andrew Okun，右五为北京围棋队教练金茜茜，左二为中国棋院刘瑞敏，右一为丁伟）

◆丁伟（左）与李世石（右）曾经共同效力一支棋队达 5 年之久，友情深重。2018 年 1 月，李世石获得保山市第五届世界名人争霸战冠军，二人在永子棋院合影

九 纪念棋谱（一）：二十个精彩

云南省围棋协会第一次会员大会暨成立大会

在丁伟的围棋生涯中，曾征战无数，对战当时国内的老一辈国手和年龄相当的国手都有过获胜的战绩，包括世界冠军马晓春、俞斌、常昊、古力、罗洗河、孔杰、王檄、陈耀烨、周睿羊、柁嘉熹等等。我们精选这 20 局，主要看看丁伟在作为中国国家队的选手与韩国队、日本队、中国台湾队对弈时的精彩对局，以飨读者。（按时间顺序排列，每次作战按照总的步数均分为两张棋谱）

每谱分为两页，根据总手数平均而分。

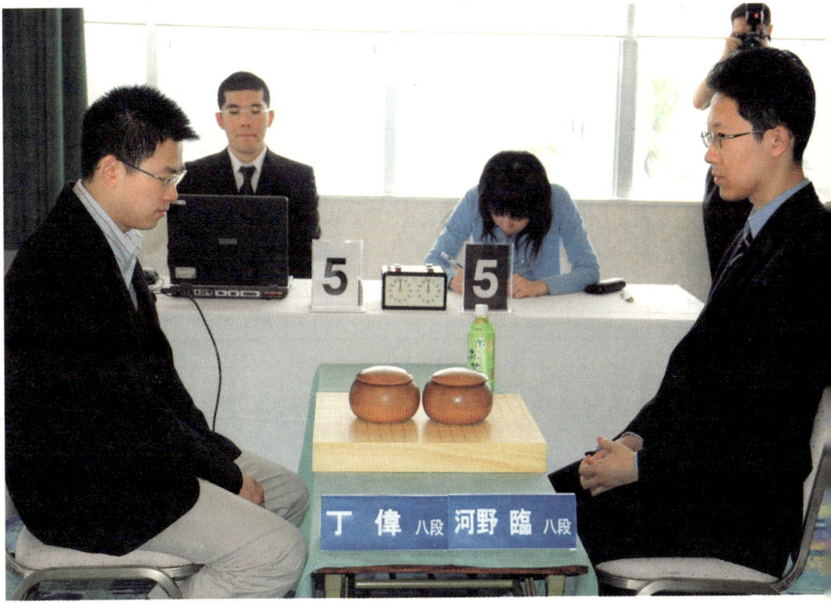

◆丁伟（左）与日本棋手河野临（右）对弈

（一）1995 年对中国台湾队周咸亨

8 月 31 日　北京　第三届中环杯预赛

黑：周咸亨四品（相当于七段）　白：丁伟四段

共 134 手　白中盘胜

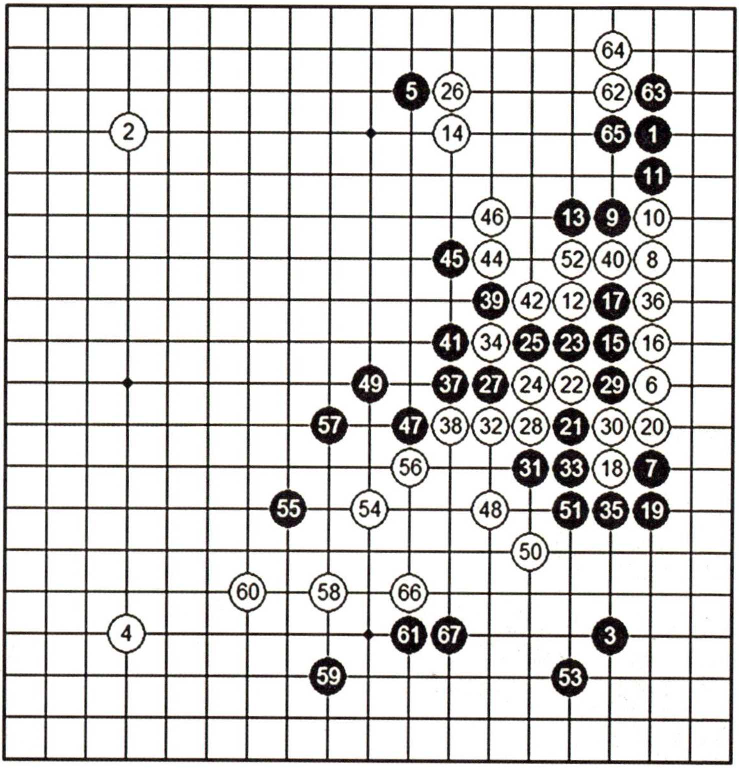

㉞ = ❹❸

谱一：1–67 手

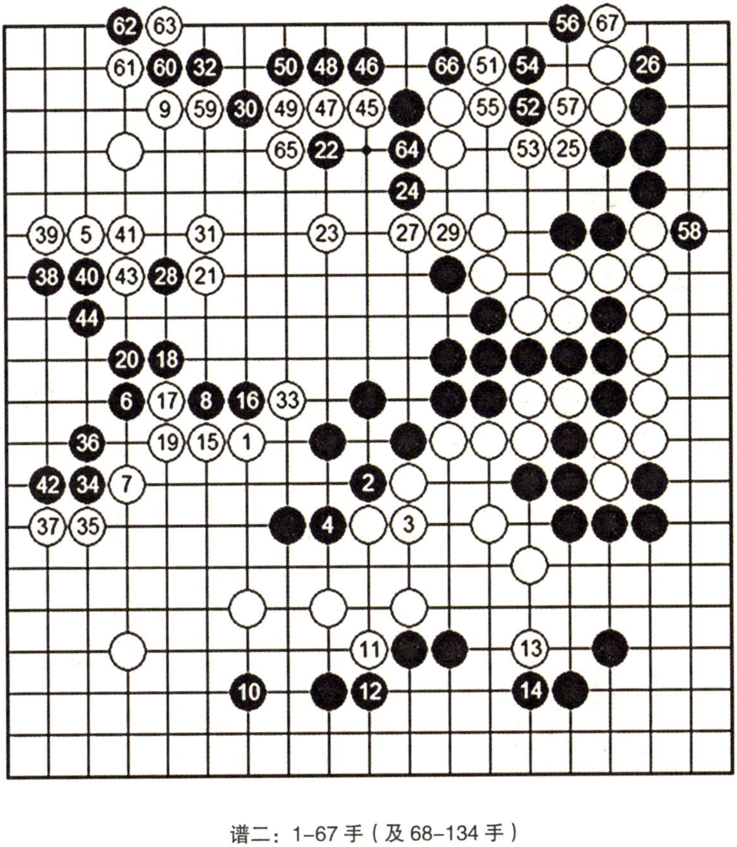

谱二：1–67 手（及 68–134 手）

（二）1997年对中国台湾周俊勋

10月7日　安庆　全国围棋个人赛

黑：周俊勋三段　白：丁伟五段

共142手　白中盘胜

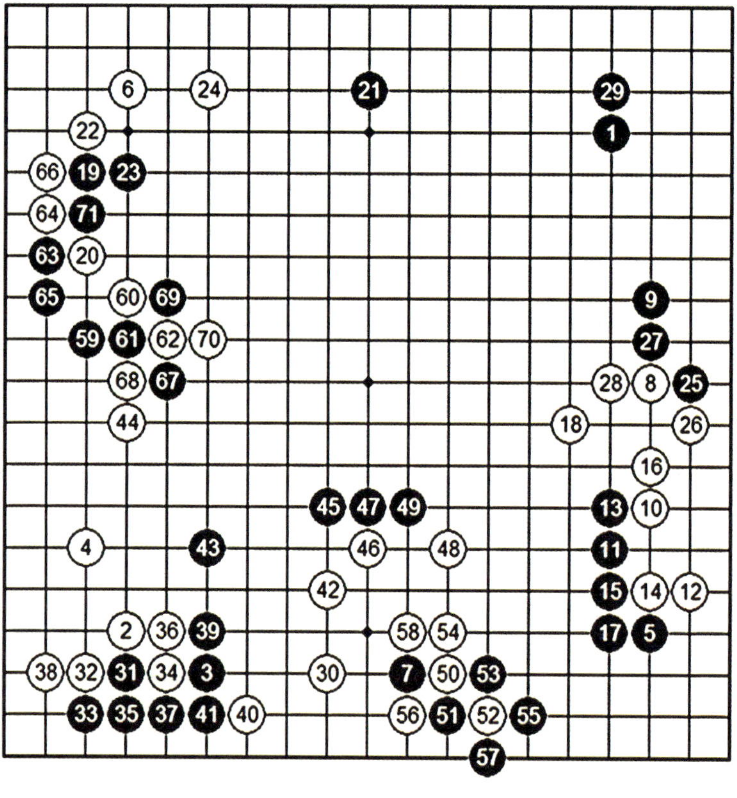

谱一：1–71手

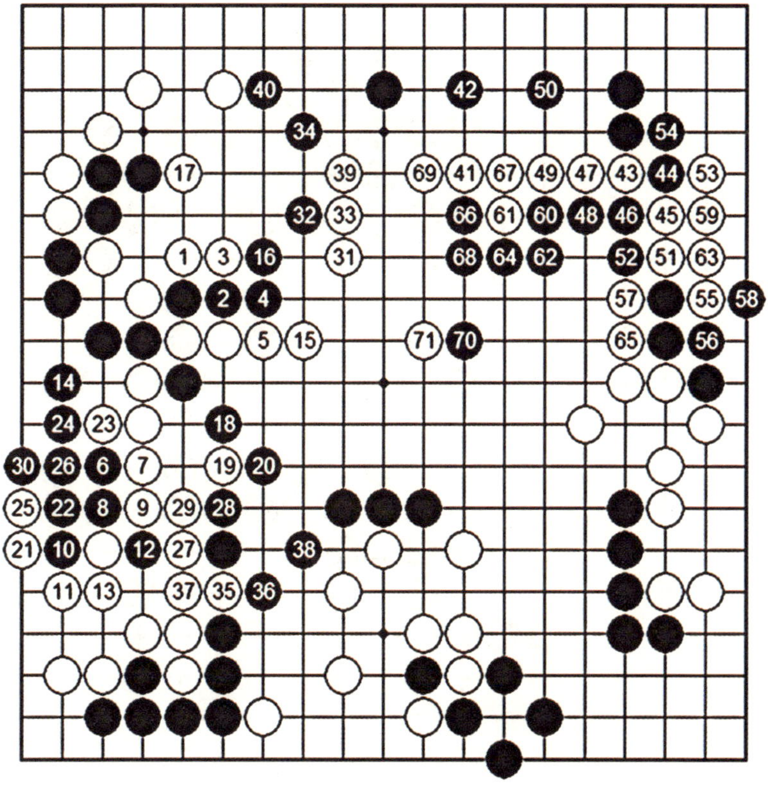

谱二：1–71 手（及 72–142 手）

（三）1998 年对日本韧持丈

9 月 11 日　北京　中日围棋交流赛

黑：韧持丈五段　白：丁伟六段

共 238 手　白中盘胜

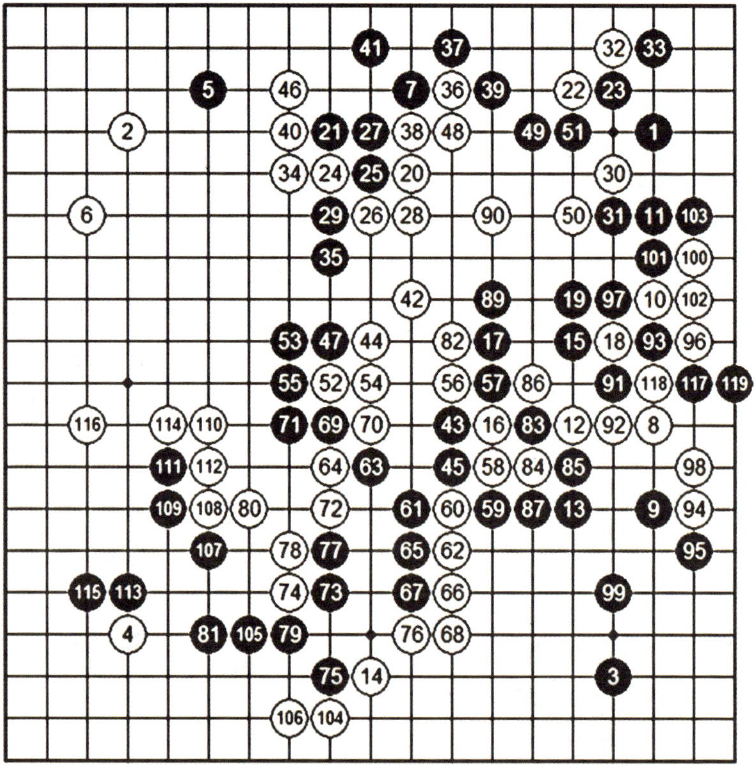

83 = 88

谱一：1–119 手

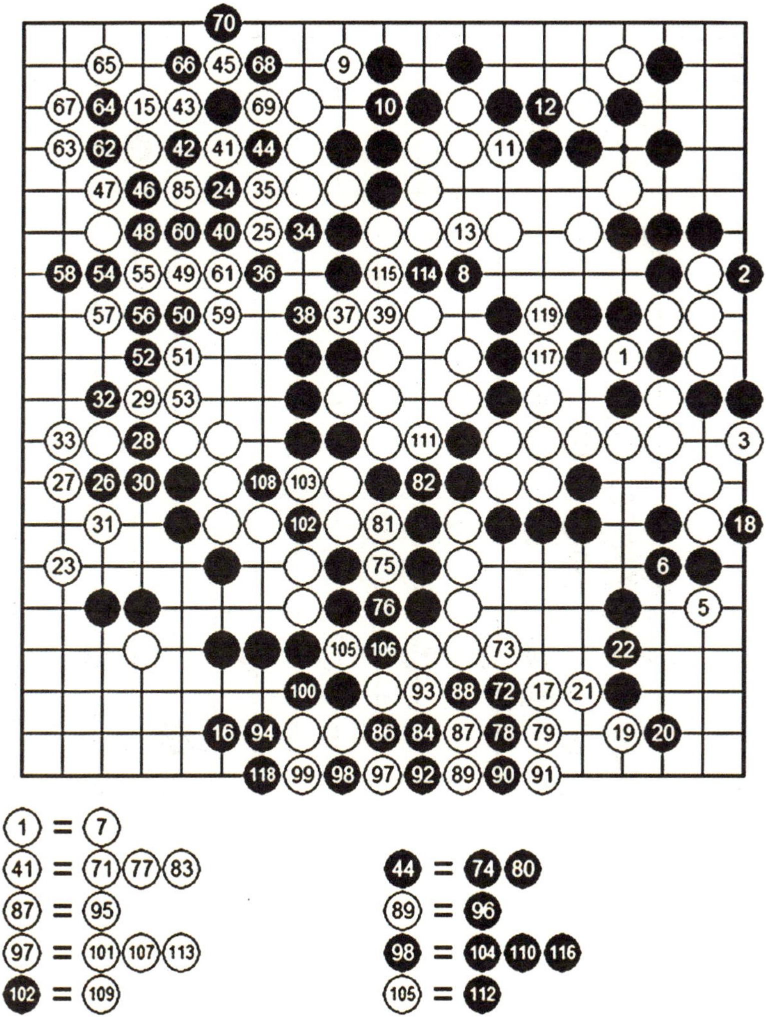

谱二：1–119 手（及 120–238 手）

（四）2000 年对日本今村俊也

5 月 28 日　韩国庆州　第十二届亚洲杯电视快棋赛

黑：丁伟七段　白：今村俊也九段

共 119 手　黑中盘胜

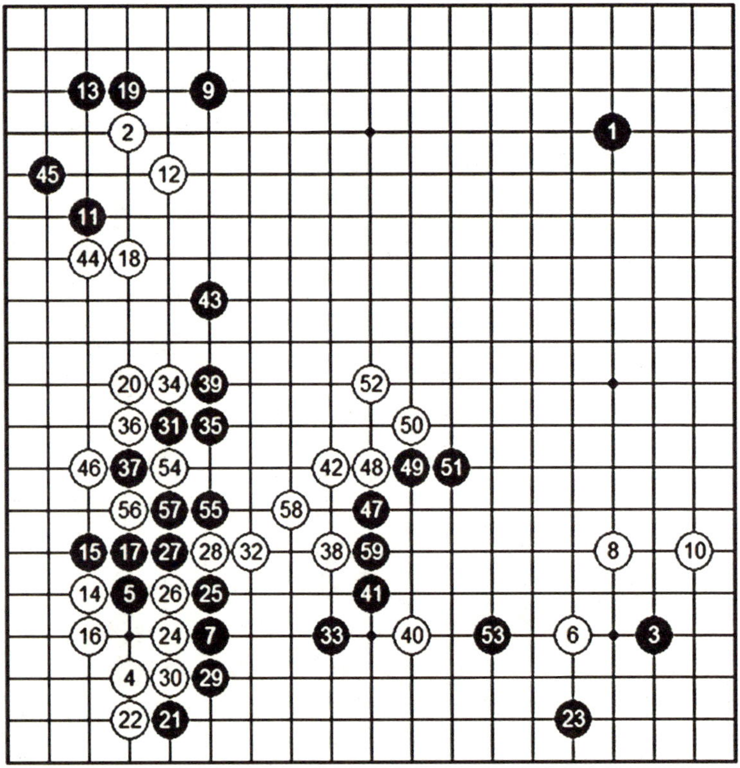

谱一：1–59 手

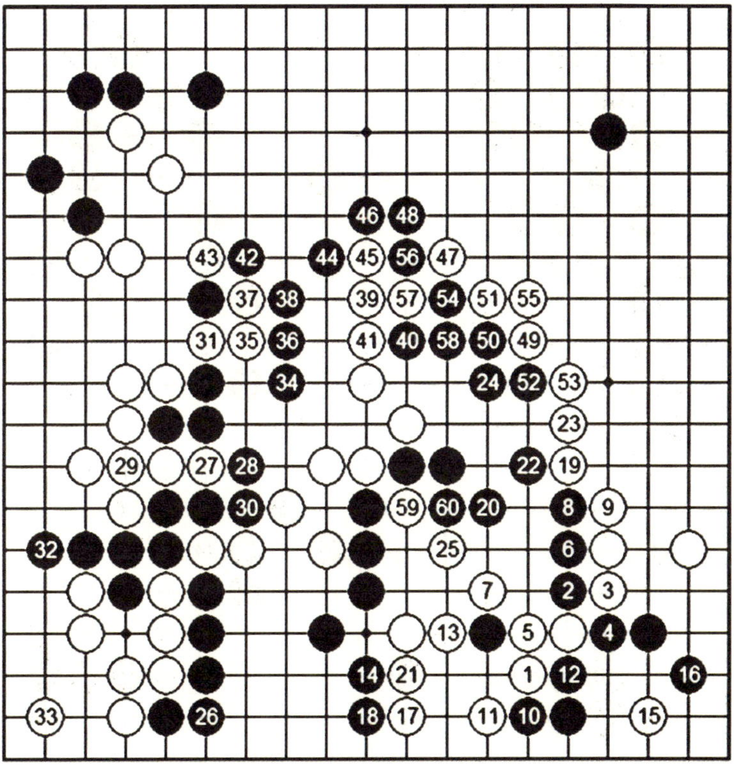

谱二：1–60 手（及 60–119 手）

（五）2002 年对韩国崔明勋

5 月 18 日　北京　第四届春兰杯世界职业围棋赛

黑：崔明勋八段　白：丁伟八段

共 226 手　白中盘胜

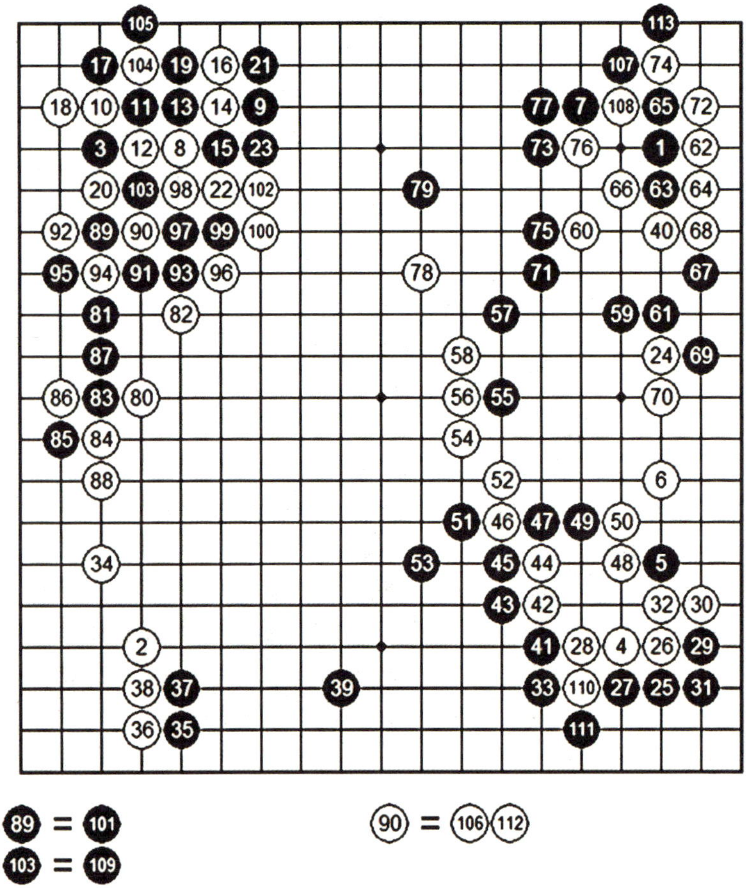

谱一：1–113 手

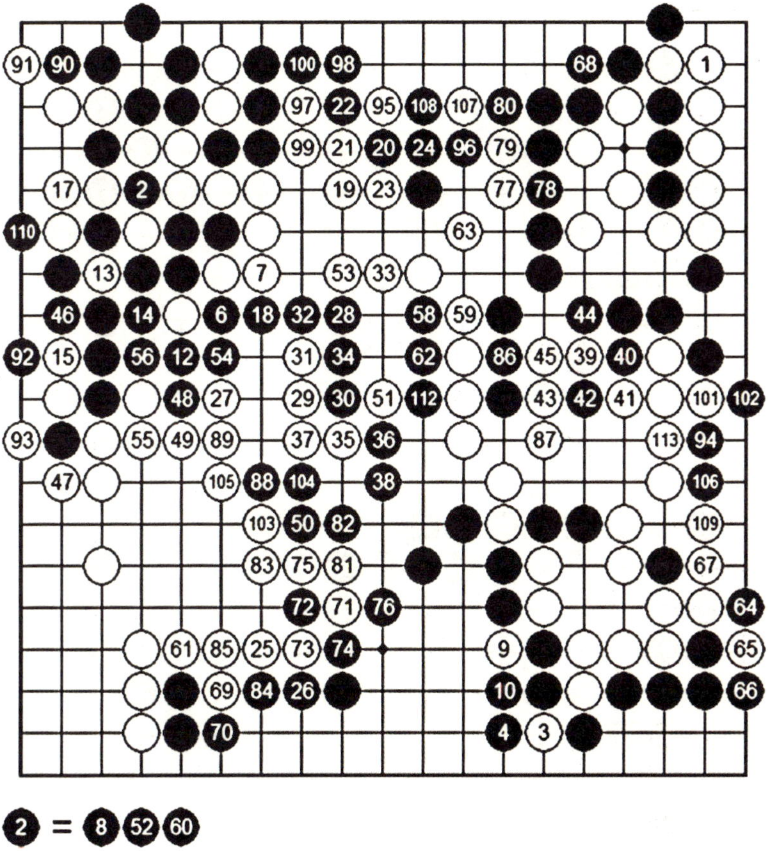

谱二：1–113 手（及 114–226 手）

（六）2003 年对中国台湾林海峰

4 月 28 日　日本冲绳　第二届 CSK 杯亚洲四强赛

黑：丁伟八段　白：林海峰九段

共 285 手　黑胜 1.5 目

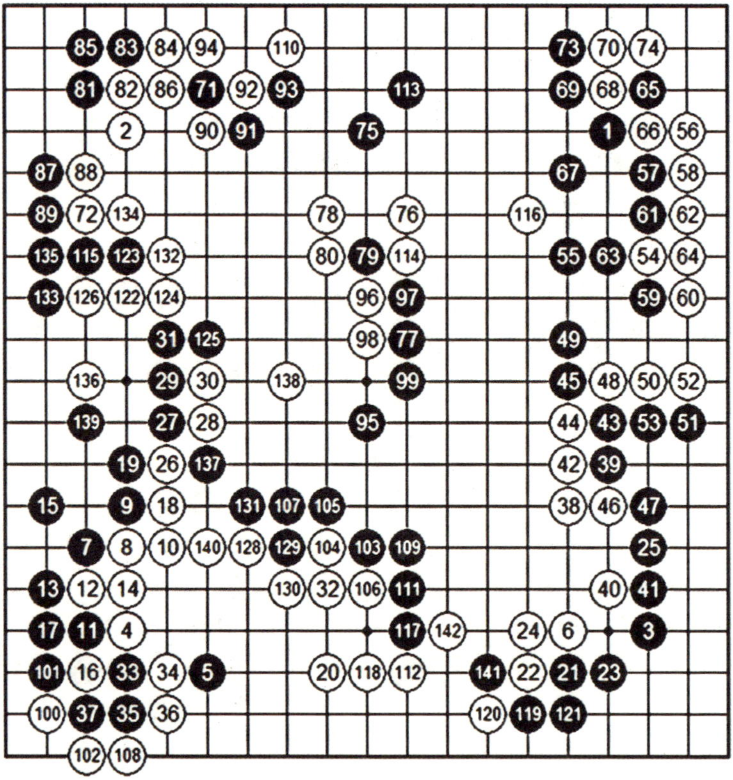

16 = 127

谱一：1–142 手

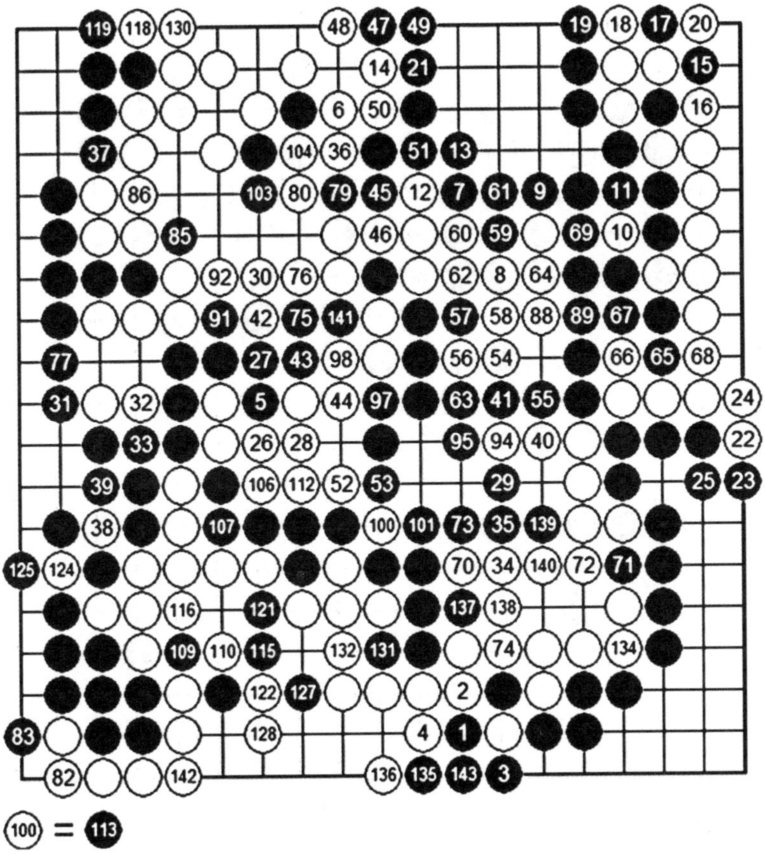

谱二：1–143 手（及 143–285 手）

（七）2003年对中国台湾周俊勋

7月17日　北京　2003年好猫杯围棋甲级联赛

黑：丁伟八段　白：周俊勋九段

共205手　黑中盘胜

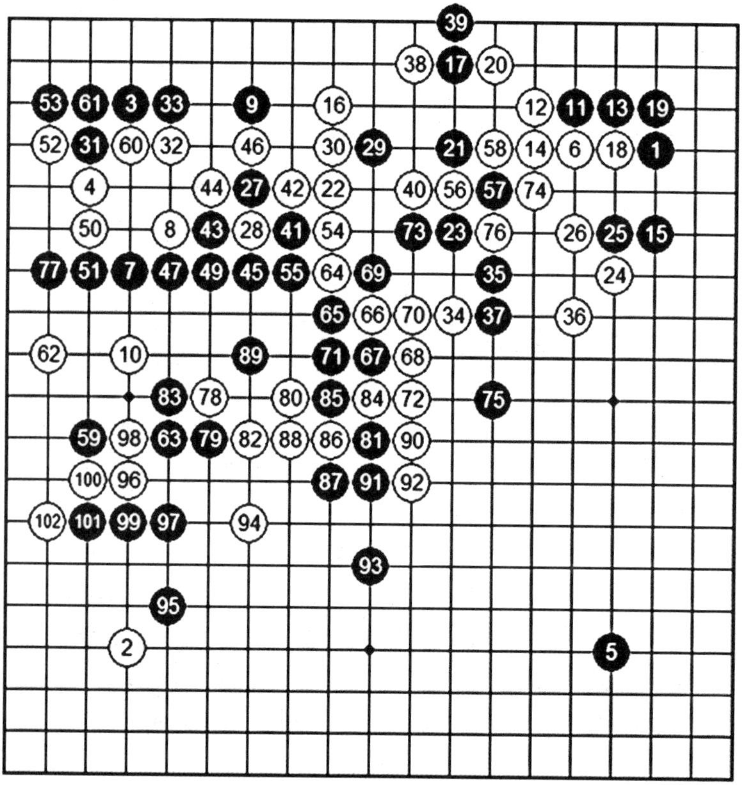

28 = 48

谱一：1–102手

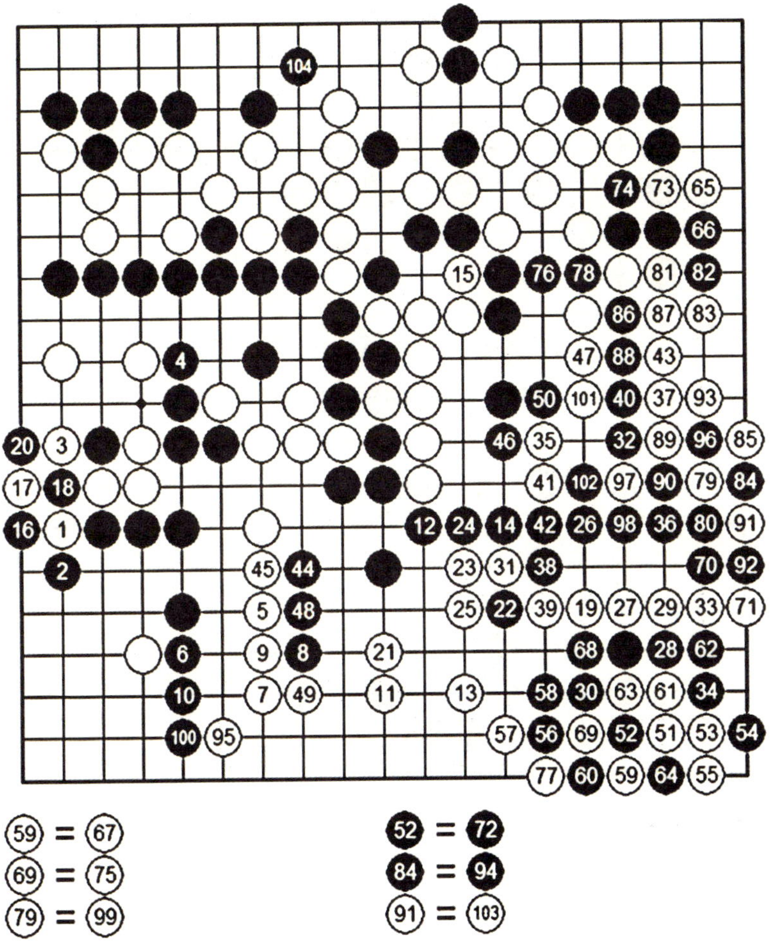

谱二：1–103 手（及 103–205 手）

（八）2003 年对日本中野宽也

8 月 4 日　韩国大田　第八届三星火灾杯世界围棋锦标赛

黑：丁伟八段　白：中野宽也九段

共 219 手　黑中盘胜

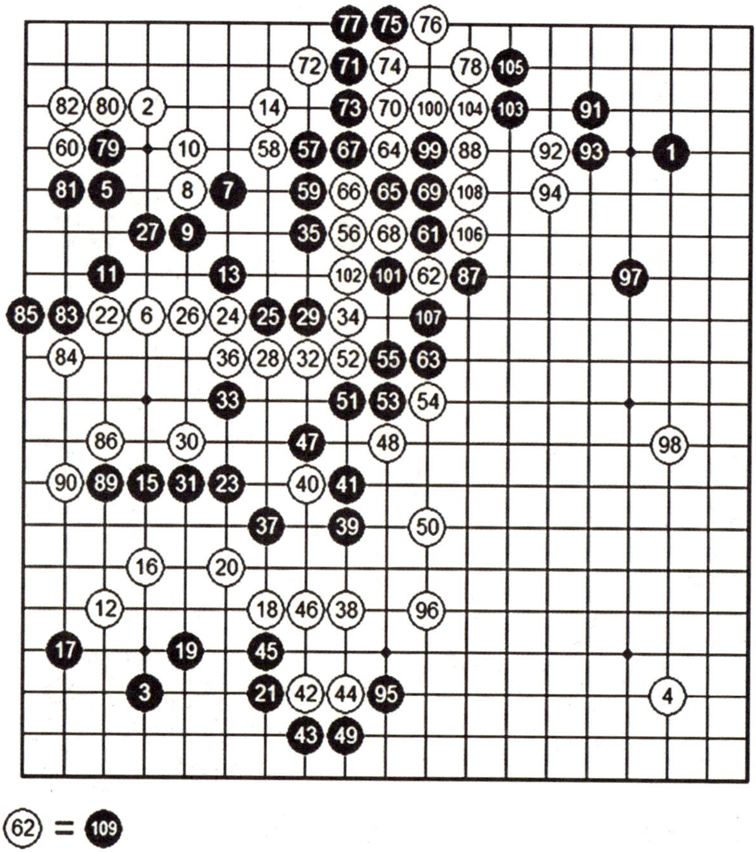

谱一：1–109 手

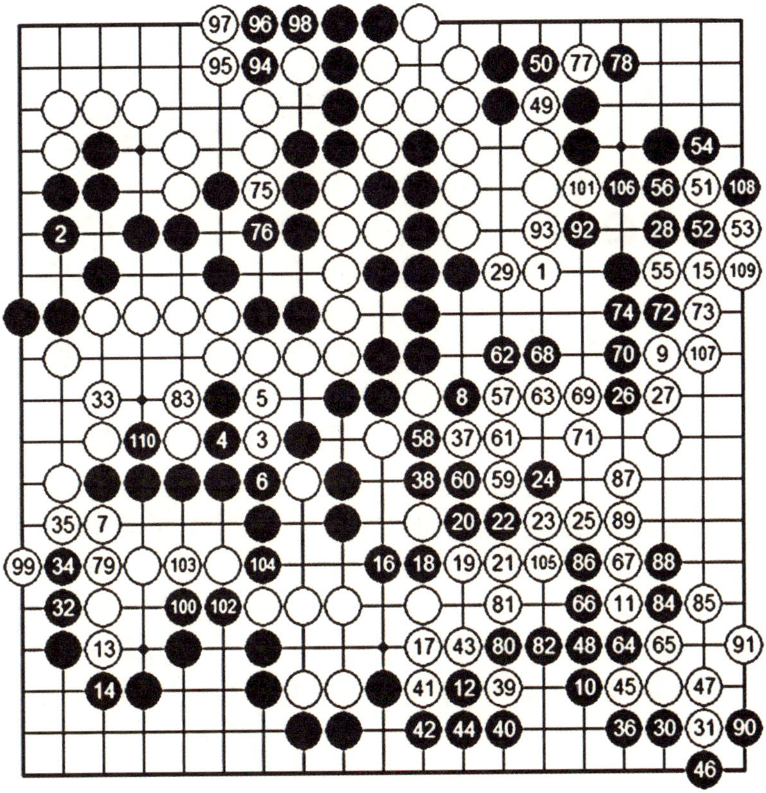

谱二：1-110 手（及 110-219 手）

（九）2004 年对中国台湾林海峰

3 月 22 日　日本冲绳　第三届 CSK 杯亚洲四强赛

黑：林海峰九段　白：丁伟八段

共 268 手　白胜 3.5 目

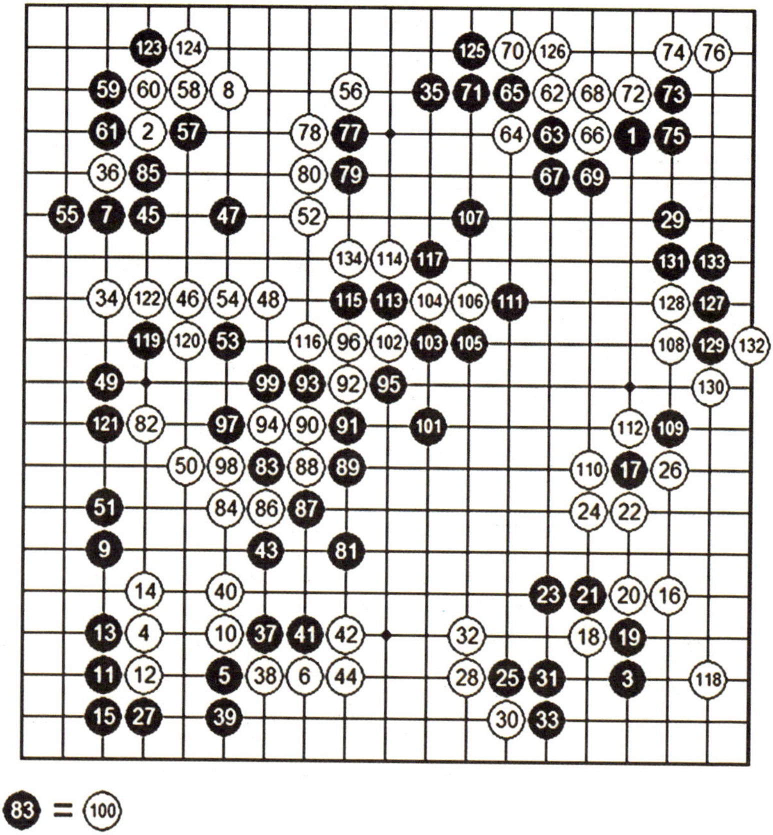

谱一：1–134 手

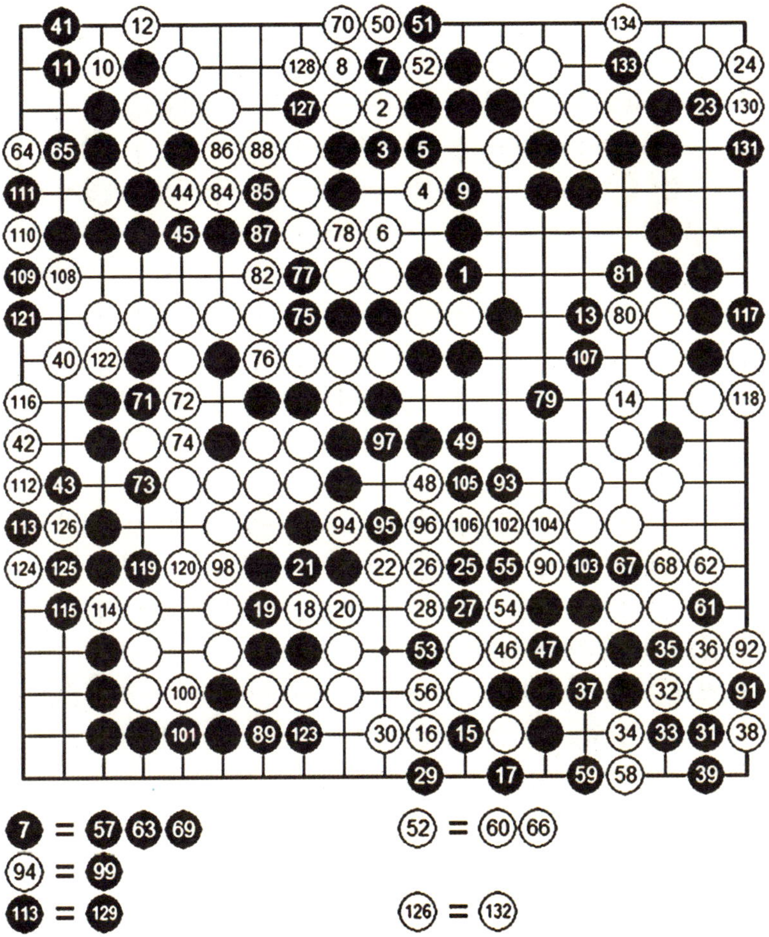

谱二：1–134 手（及 135–268 手）

（十）2004年对韩国李世石

3月23日 日本冲绳 第三届CSK杯亚洲四强赛

黑：李世石九段 白：丁伟八段

共144手 白中盘胜

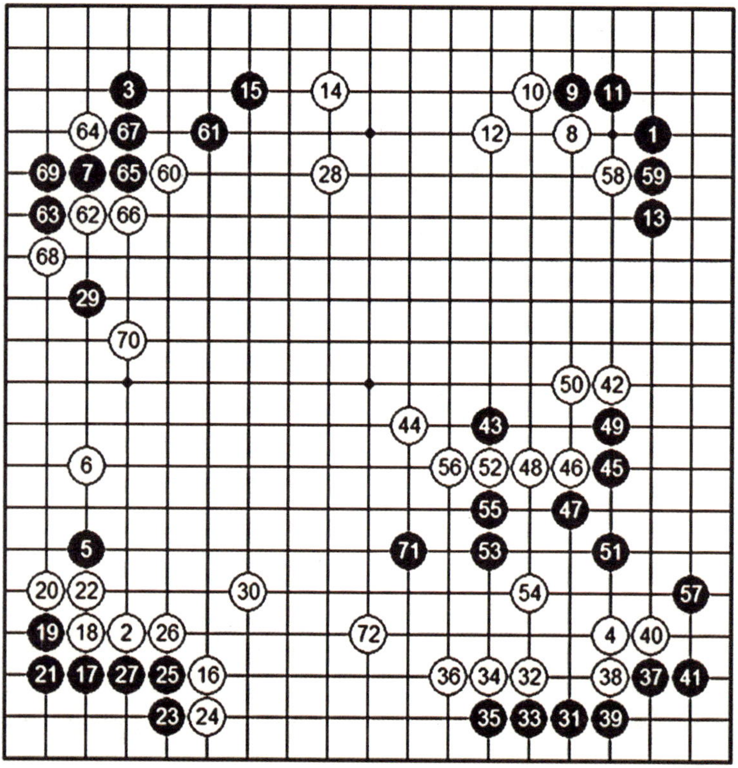

谱一：1–72手

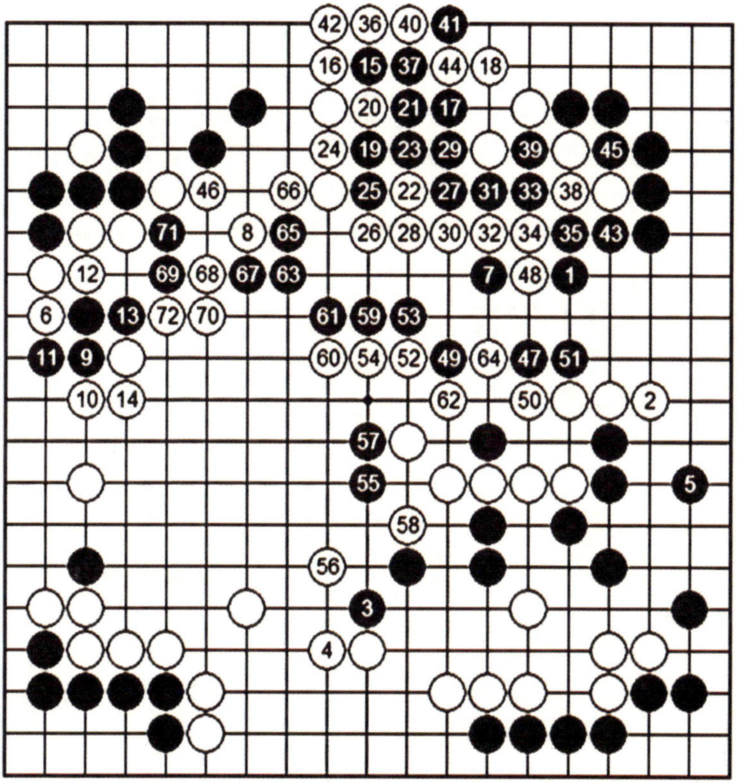

谱二：1–72 手（及 73–144 手）

（十一）2005 年对韩国金承俊

11 月 12 日　北京　2005 年澳特来杯围棋甲级联赛

黑：丁伟八段　白：金承俊九段

共 255 手　黑胜 3.5 目

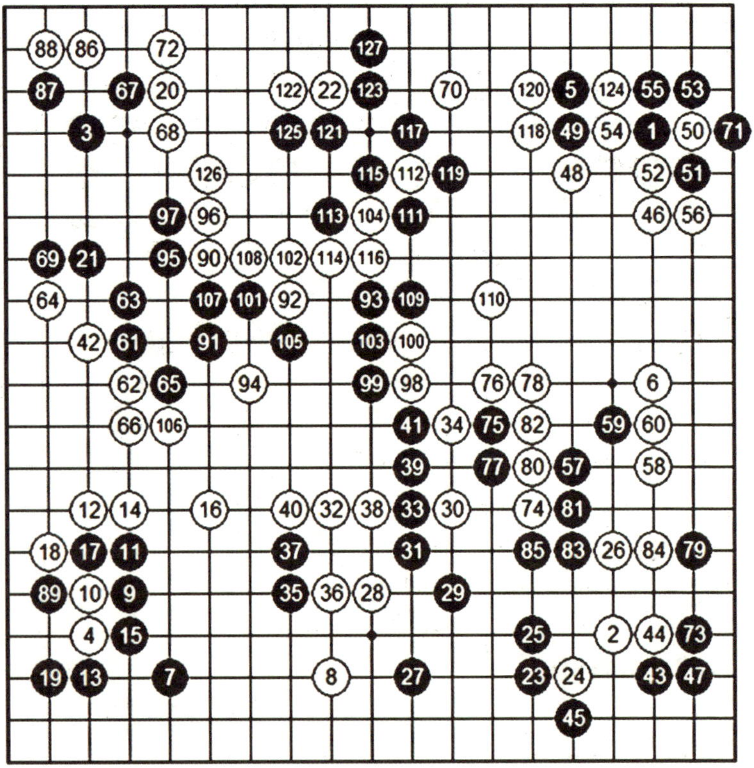

谱一：1–127 手

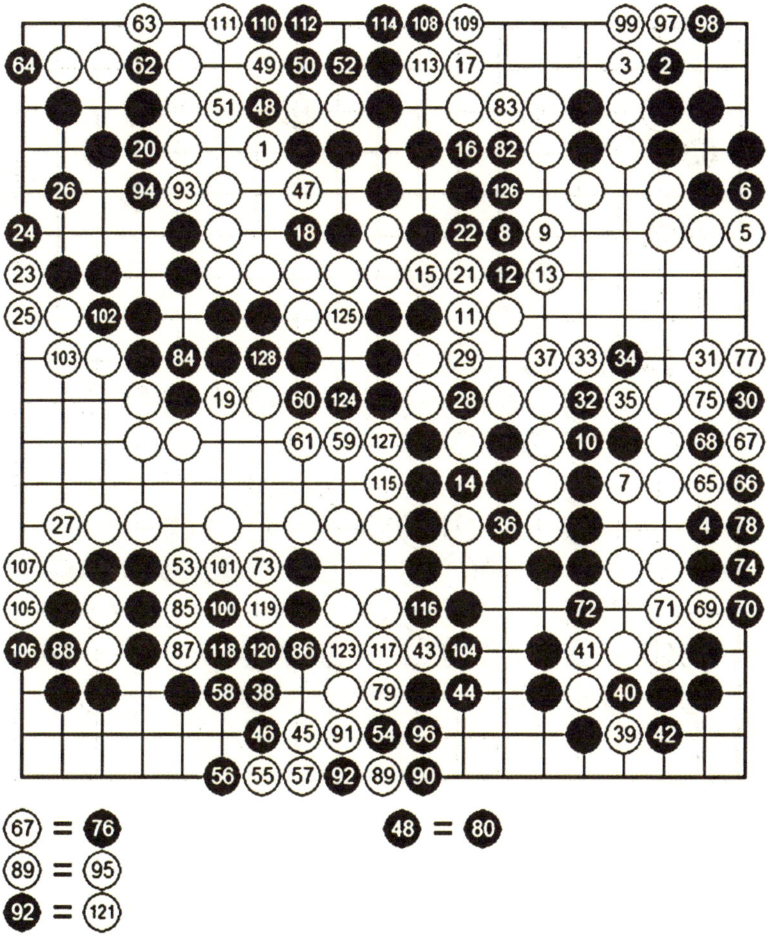

谱二：1–128 手（及 128–255 手）

（十二）2006 年对日本王立诚

5 月 1 日　日本大分　第五届 CSK 杯亚洲四强赛

黑：王立诚九段 白：丁伟八段

共 210 手　白中盘胜

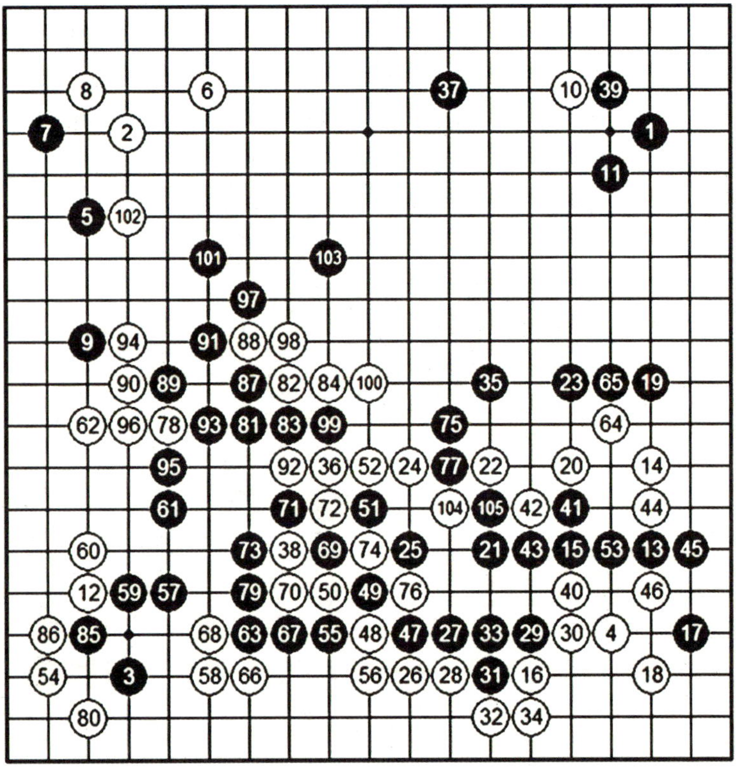

谱一：1–105 手

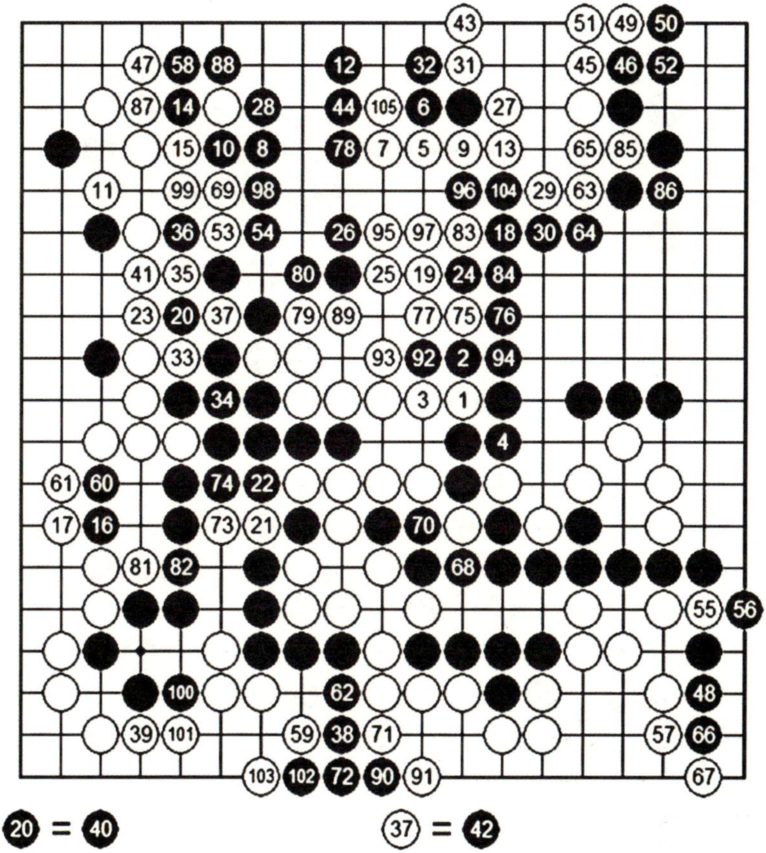

谱二：1–105 手（及 106–210 手）

（十三）2007 年对韩国李圣宰

4 月 30 日　韩国棋院　第十三届 LG 杯世界棋王战

黑：李圣宰九段　白：丁伟九段

共 162 手　白中盘胜

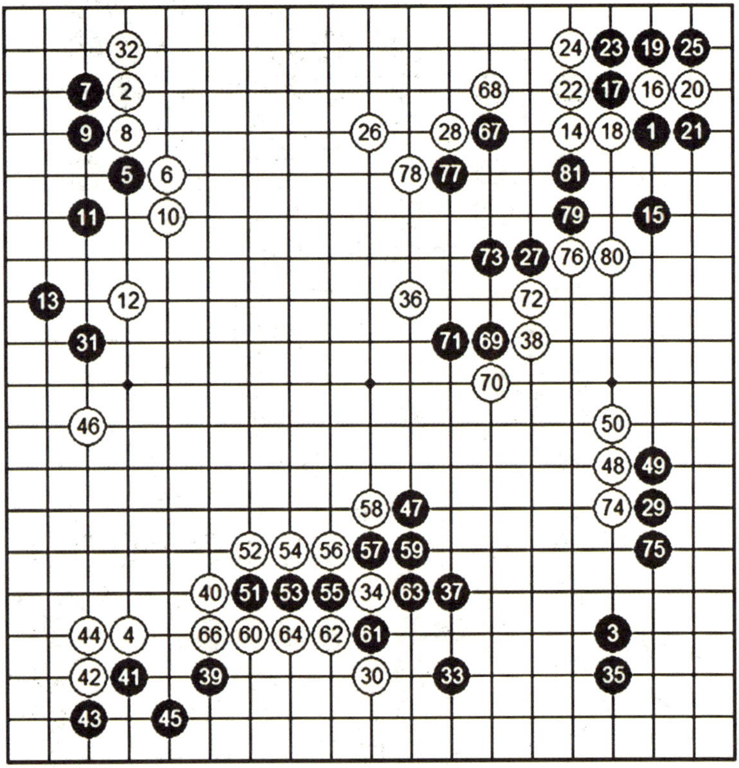

34 = 65

谱一：1–81 手

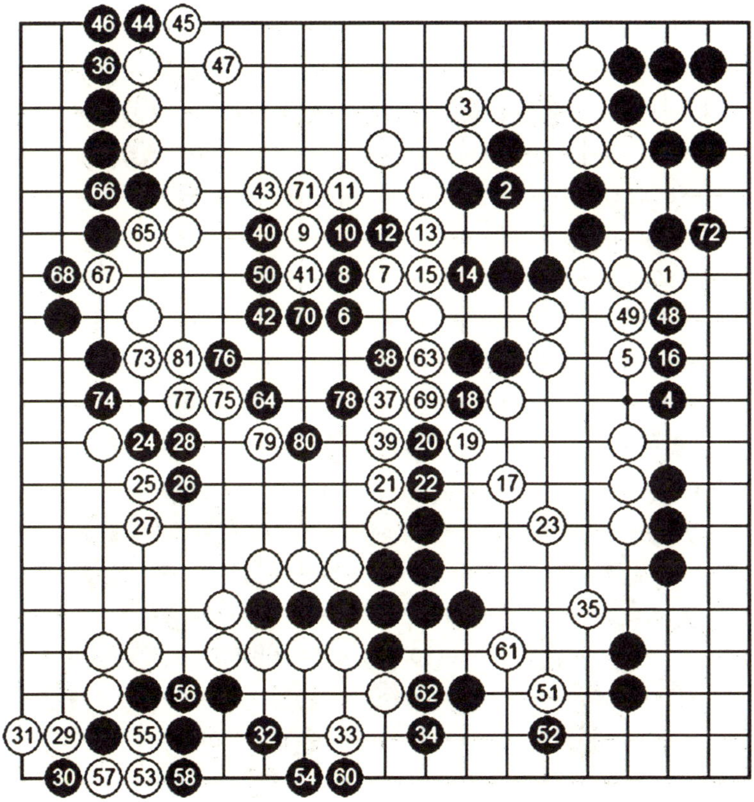

谱二：1–81 手（及 82–162 手）

（十四）2008 年对日本依田纪基

3 月 15 日　杭州　第七届春兰杯世界职业围棋赛

黑：丁伟九段　白：依田纪基九段

共 191 手　黑中盘胜

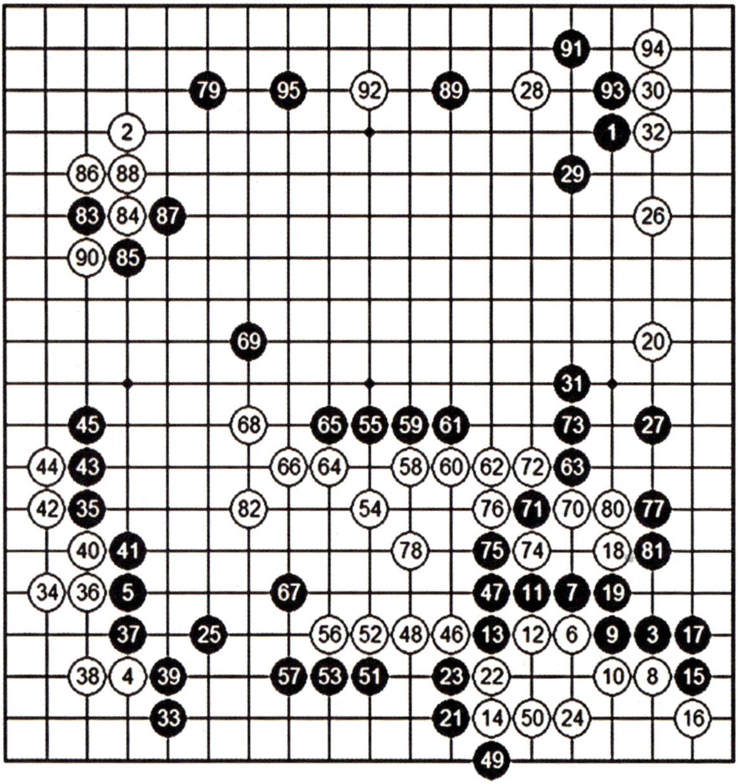

谱一：1–95 手

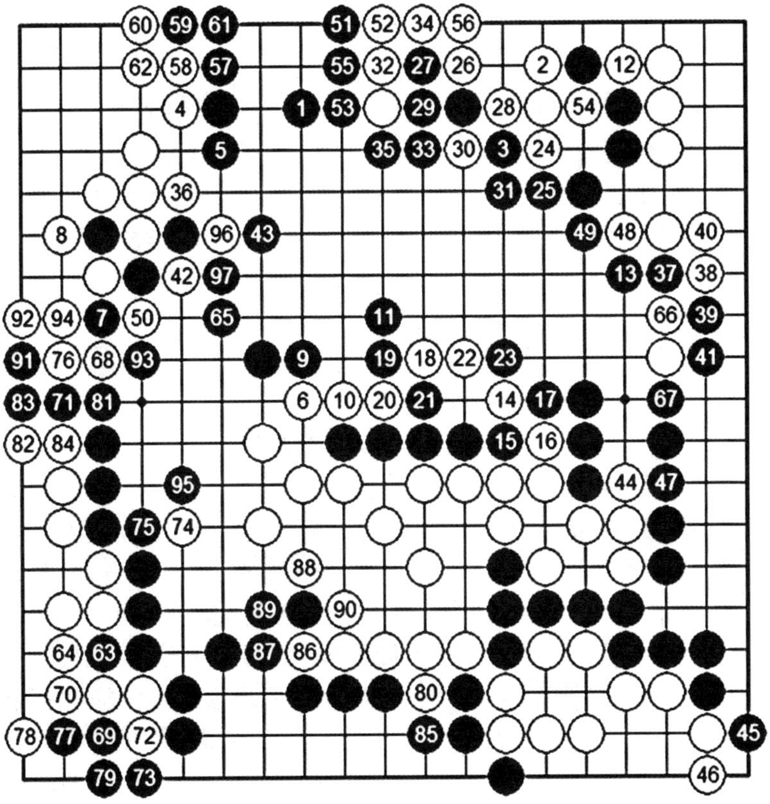

谱二：1–97 手（及 96–191 手）

（十五）2008 年对韩国李世石

3 月 17 日　杭州　第七届春兰杯世界职业围棋赛

黑：李世石九段　白：丁伟九段

共 204 手　白中盘胜

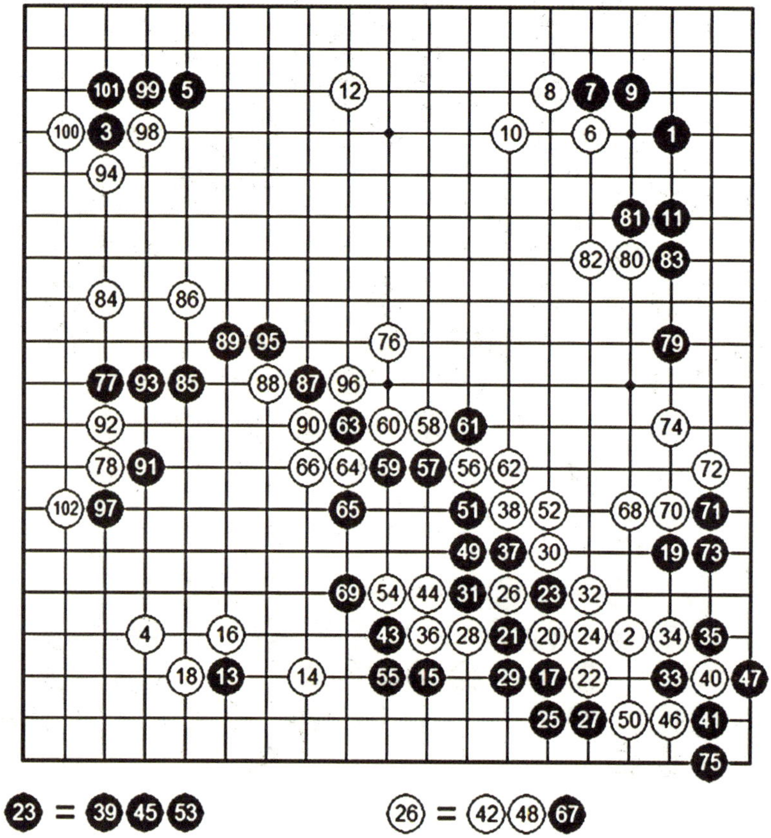

谱一：1–102 手

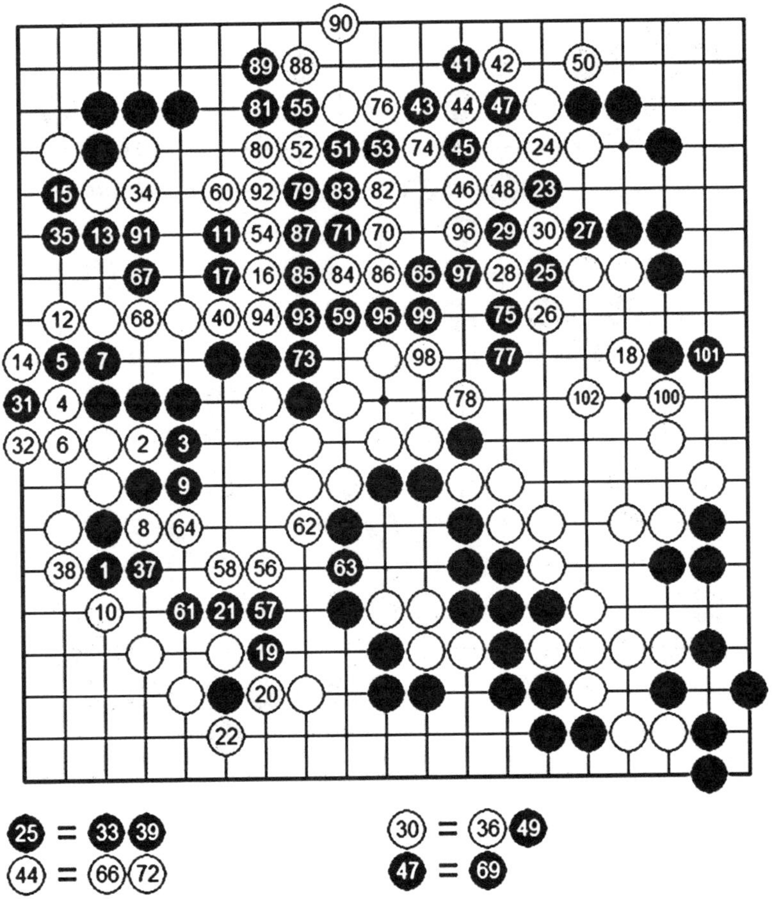

谱二：1–102 手（及 103–204 手）

（十六）2008 年对韩国睦镇硕

9 月 3 日　韩国大田　第十三届三星杯世界围棋公开赛

黑：丁伟九段　白：睦镇硕九段

共 285 手　黑胜 0.5 目

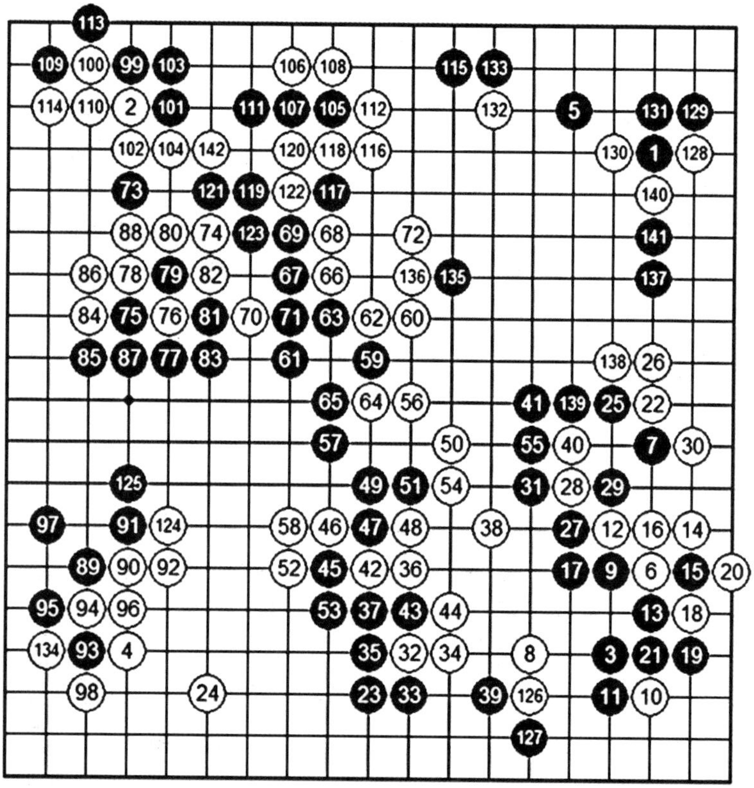

谱一：1–142 手

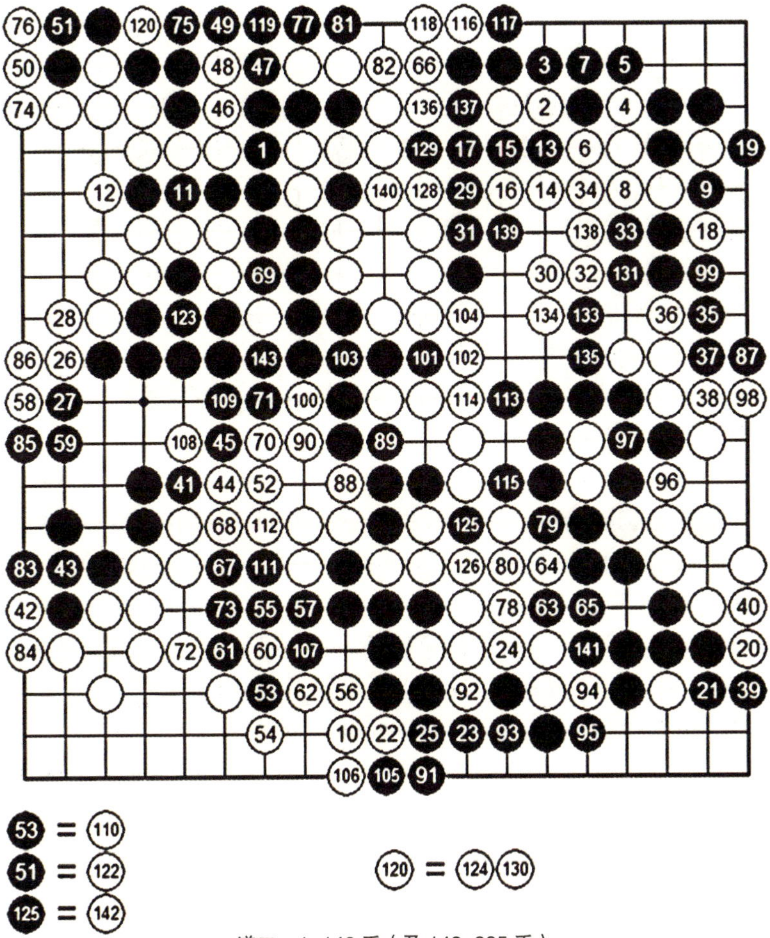

谱二：1–143 手（及 143–285 手）

（十七）2008 年对韩国李世石

10 月 17 日　北京　第一届全国智力运动会

黑：李世石九段　白：丁伟九段

共 156 手　白中盘胜

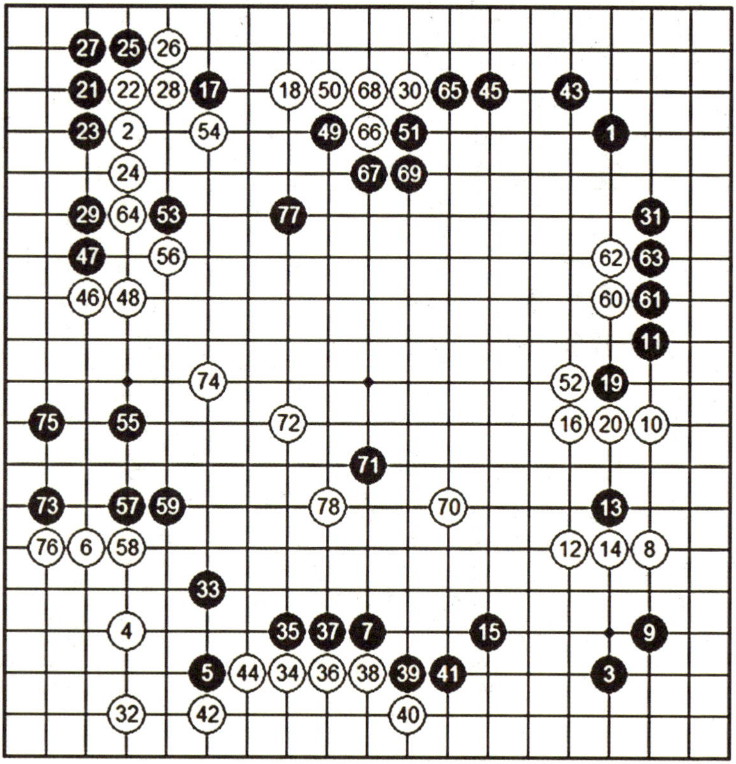

谱一：1–78 手

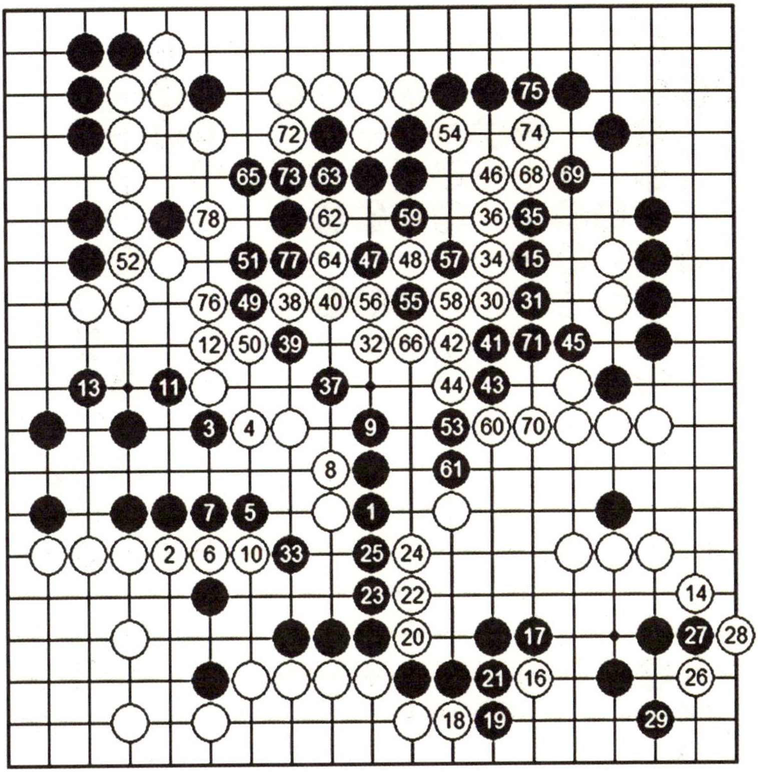

48 = 67

谱二：1-78 手（及 79-156 手）

（十八）2010 年对韩国崔明勋

1 月 16 日　首尔韩国棋院　第二届 BC 信用卡杯世界围棋公开赛

黑：崔明勋九段　白：丁伟九段

共 269 手　白胜 4.5 目

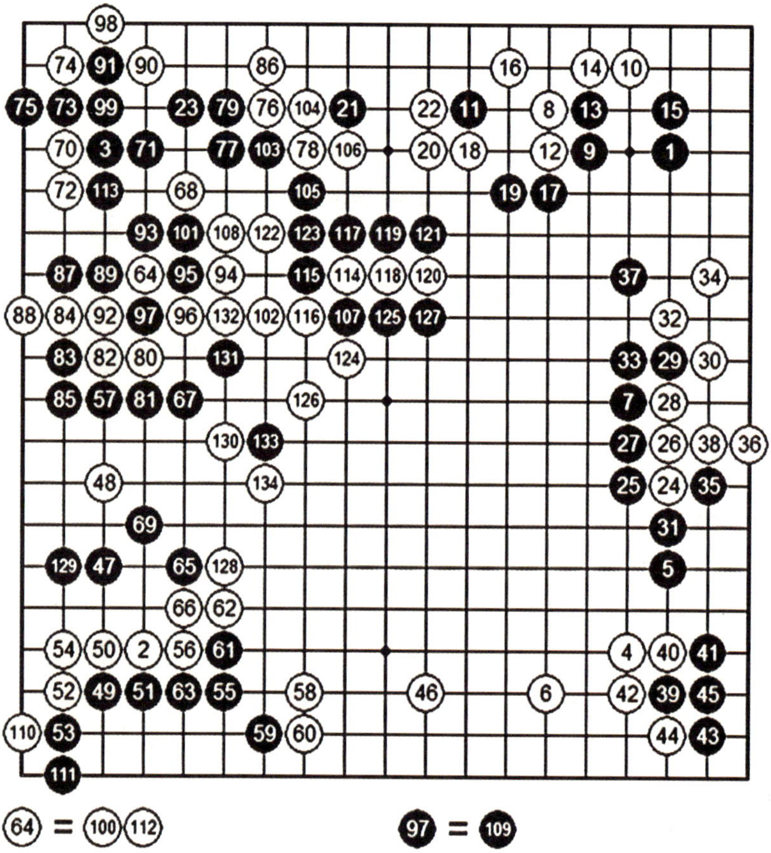

谱一：1–134 手

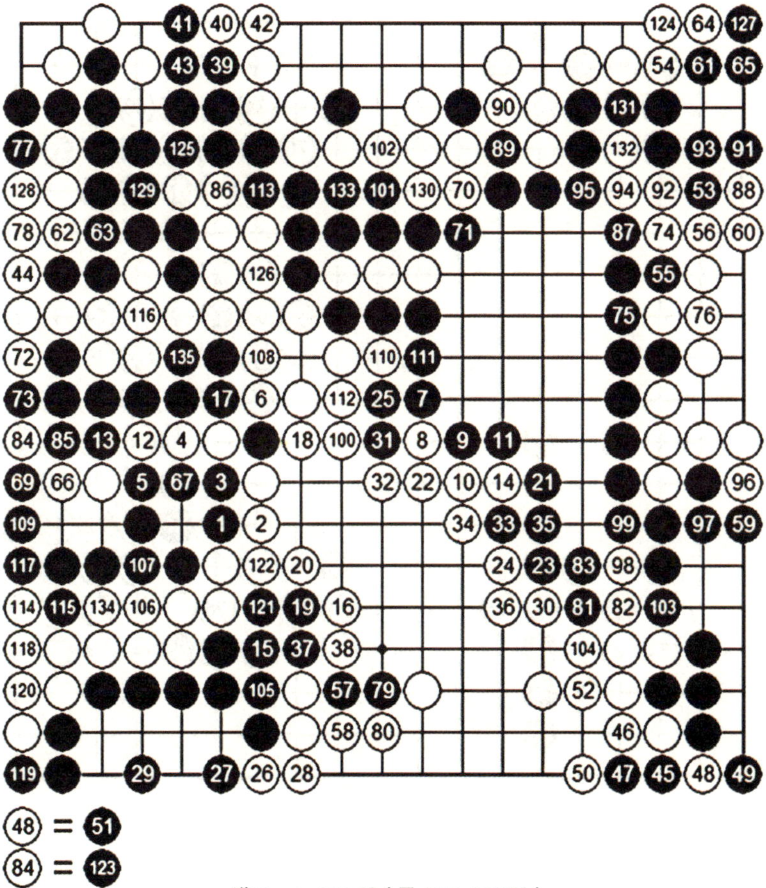

谱二：1–135 手（及 135–269 手）

（十九）2010 年对韩国曹薰铉

2 月 6 日　首尔韩国棋院　第二届 BC 信用卡杯世界围棋公开赛

黑：丁伟九段　白：曹薰铉九段

共 205 手　黑中盘胜

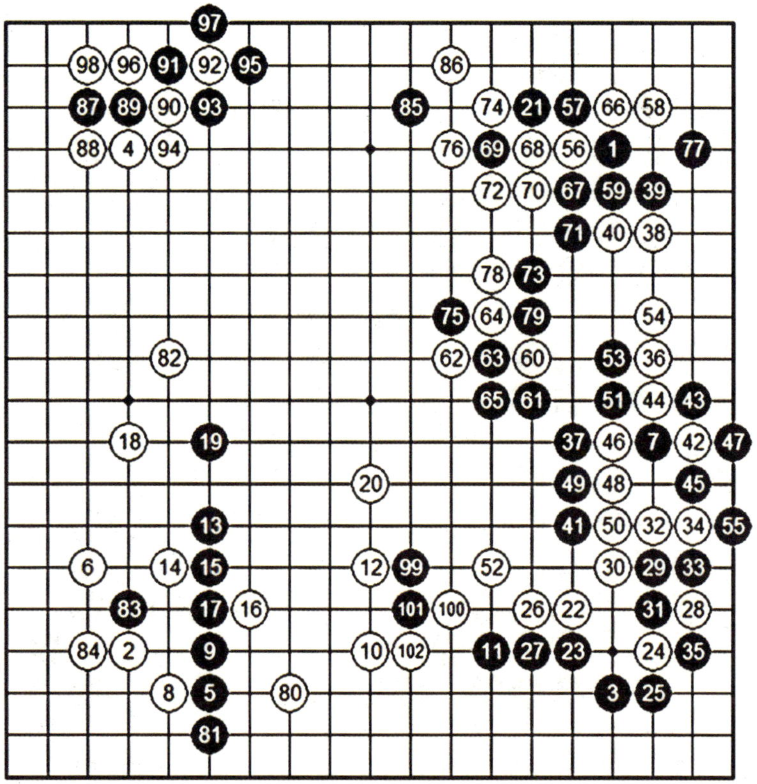

谱一：1–102 手

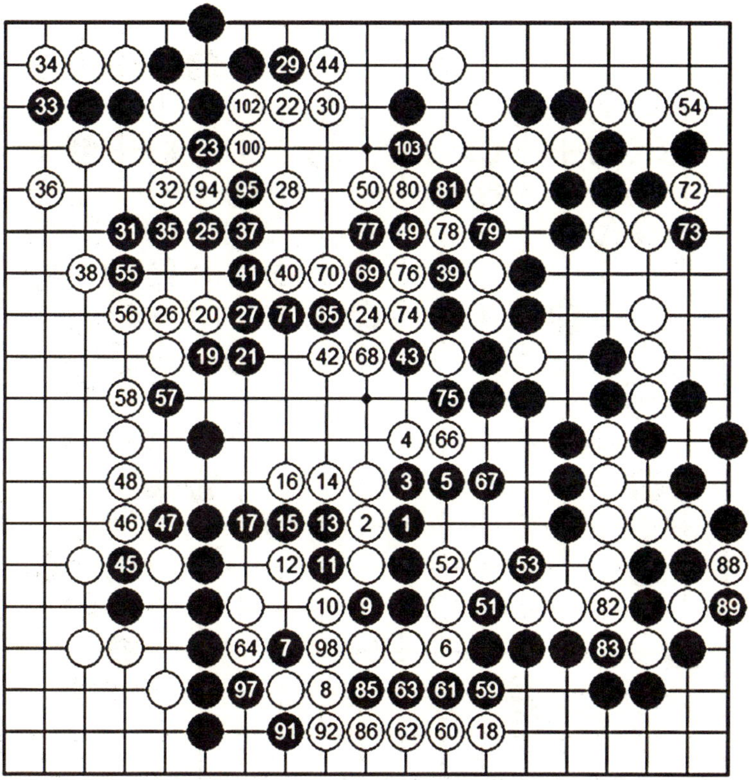

78 = 84 90 96 101　　81 = 87 93 99

谱二：1–103 手（及 103–205 手）

（二十）2011 年对韩国李映九

9 月 10 日　北京 2011 年金立手机杯全国围棋甲级联赛

黑：丁伟九段　白：李映九九段

共 171 手　黑中盘胜

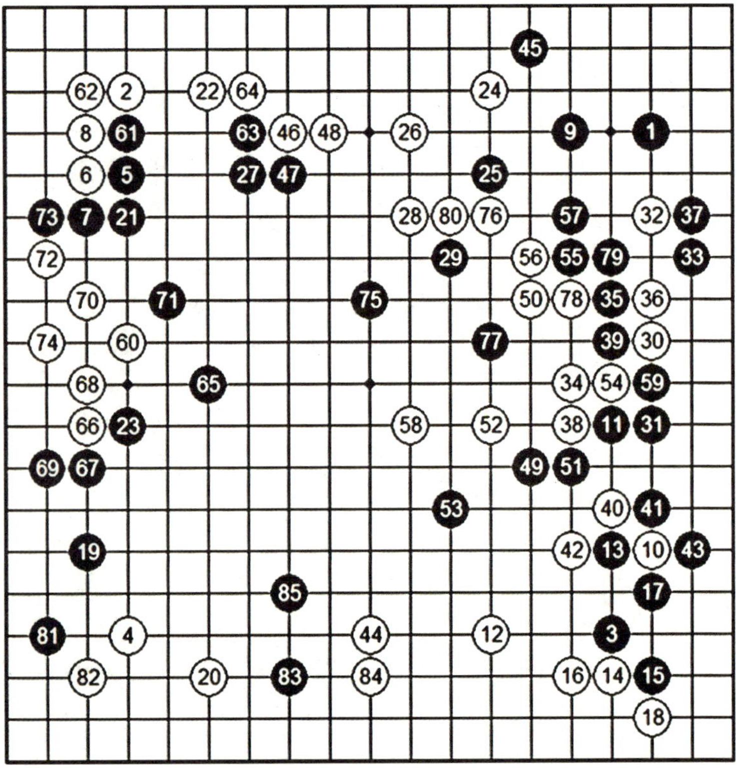

谱一：1–85 手

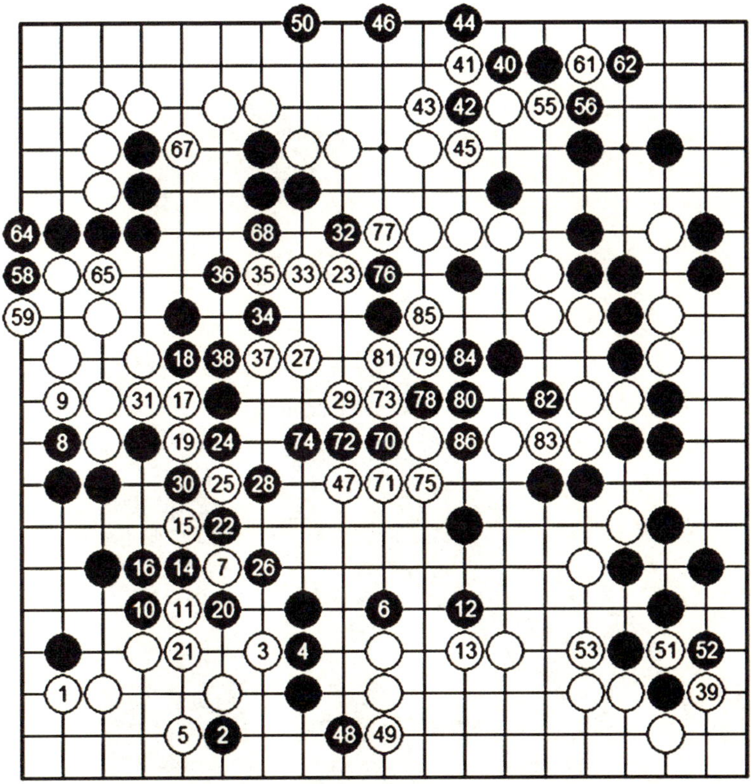

51 = 57 63 69

谱二：1–86 手（及 86–171 手）

十 纪念棋谱（二）：十个教训

（一）1998 年对日本彦坂直人

4 月 13 日　日本东京　第十一届富士通杯世界职业围棋锦标赛

黑：彦坂直人九段　白：丁伟五段

共 175 手　黑中盘胜

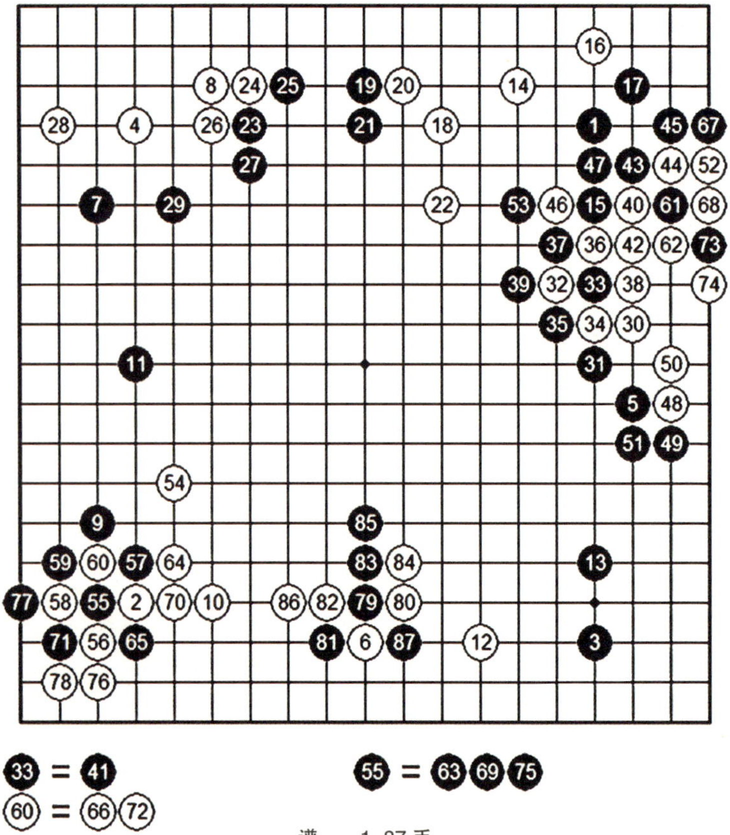

谱一：1–87 手

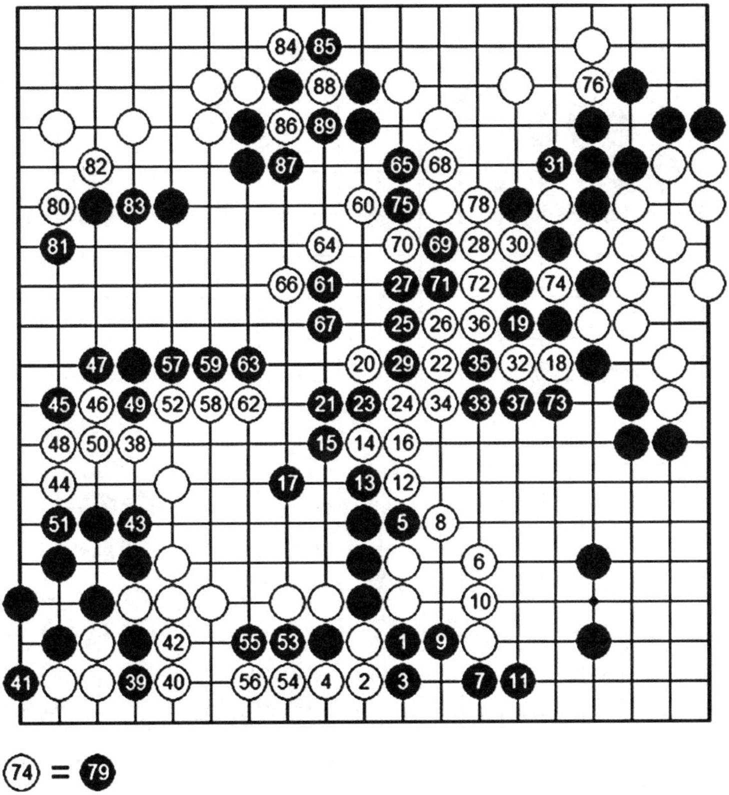

谱二：1–89 手（及 88–175 手）

（二）1999 年对韩国徐奉洙

12 月 23 日　北京　第二届春兰杯世界职业围棋赛

黑：丁伟七段　白：徐奉洙九段

共 206 手　白中盘胜

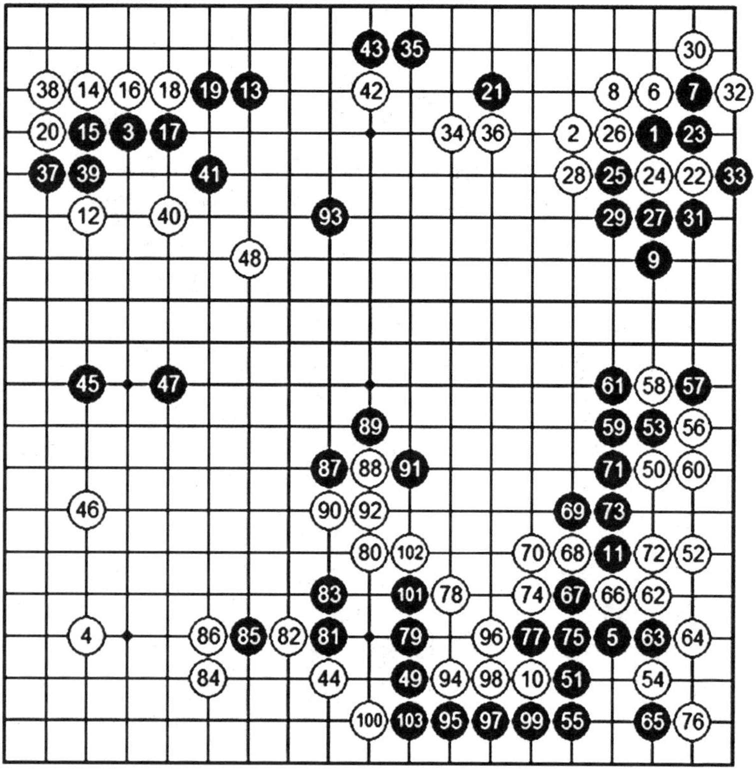

谱一：1–103 手

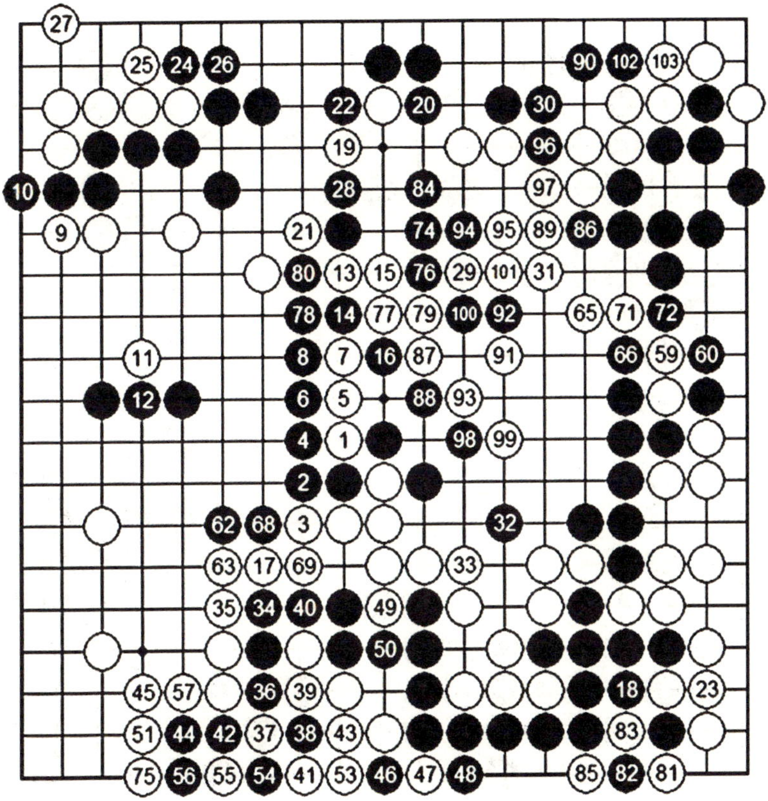

47 = 52　　54 = 58 64 70

55 = 61 67 73

谱二：1–103 手（及 104–206 手）

（三）2000 年对韩国睦镇硕

4 月 8 日　日本东京　第十三届富士通杯世界围棋锦标赛

黑：丁伟七段　白：睦镇硕九段

共 228 手　白中盘胜

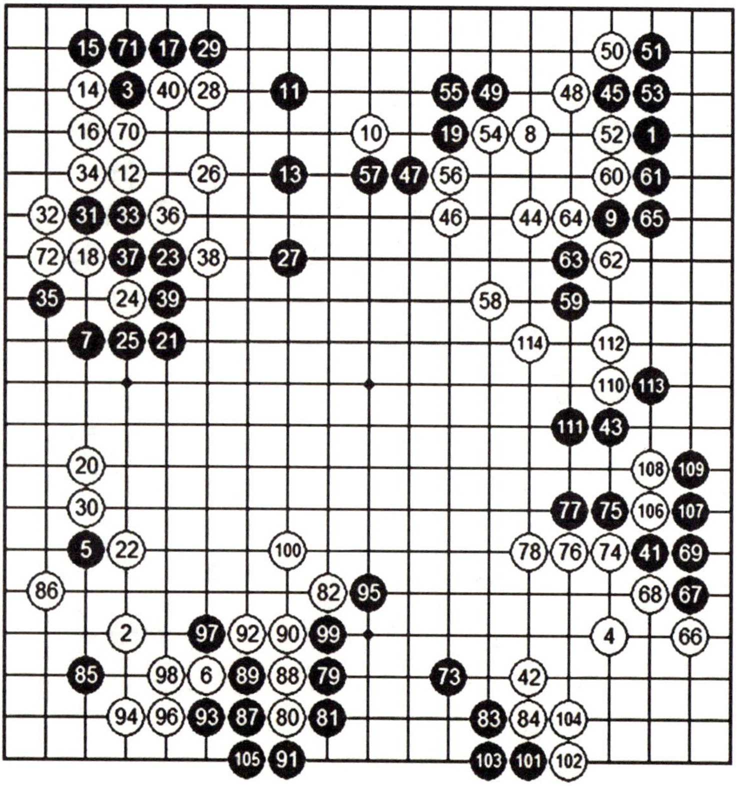

谱一：1–114 手

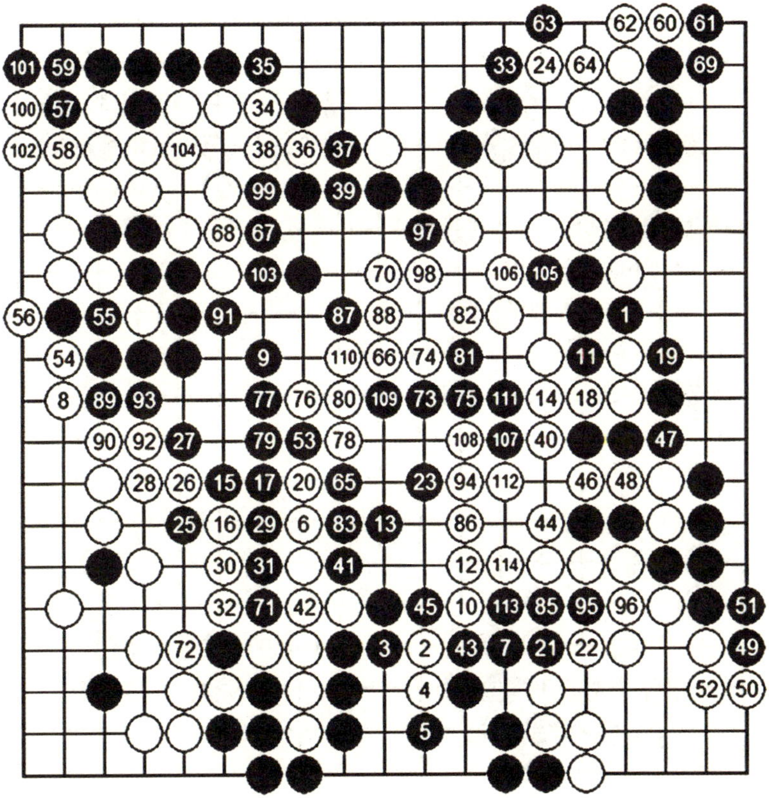

谱二：1–114 手（及 115–228 手）

（四）2001 年对中国台湾周俊勋

2 月 5 日　上海　第八届中国围棋新人王赛

黑：丁伟七段　白：周俊勋一品

共 206 手　白中盘胜

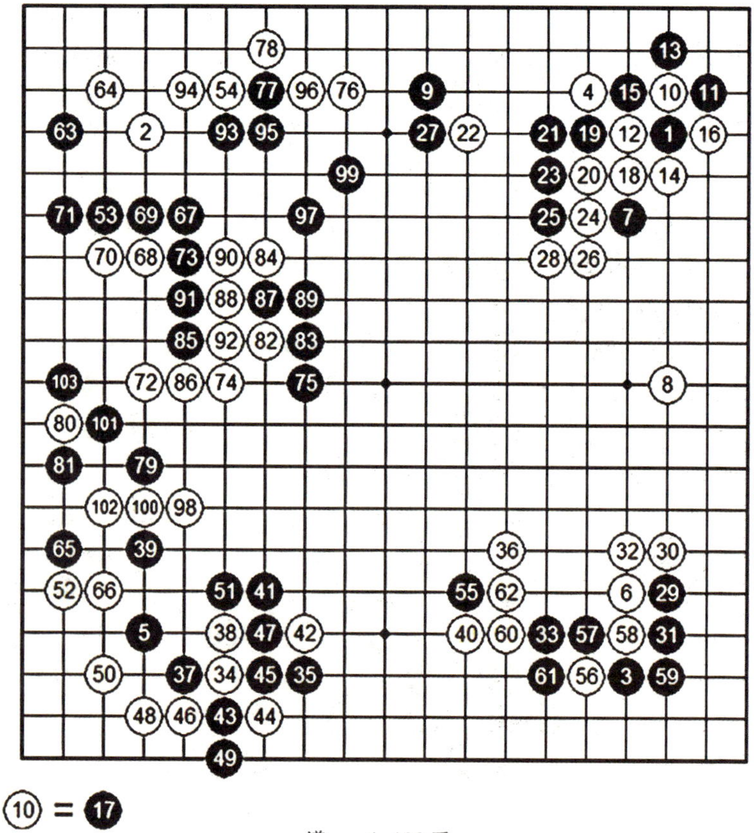

谱一：1–103 手

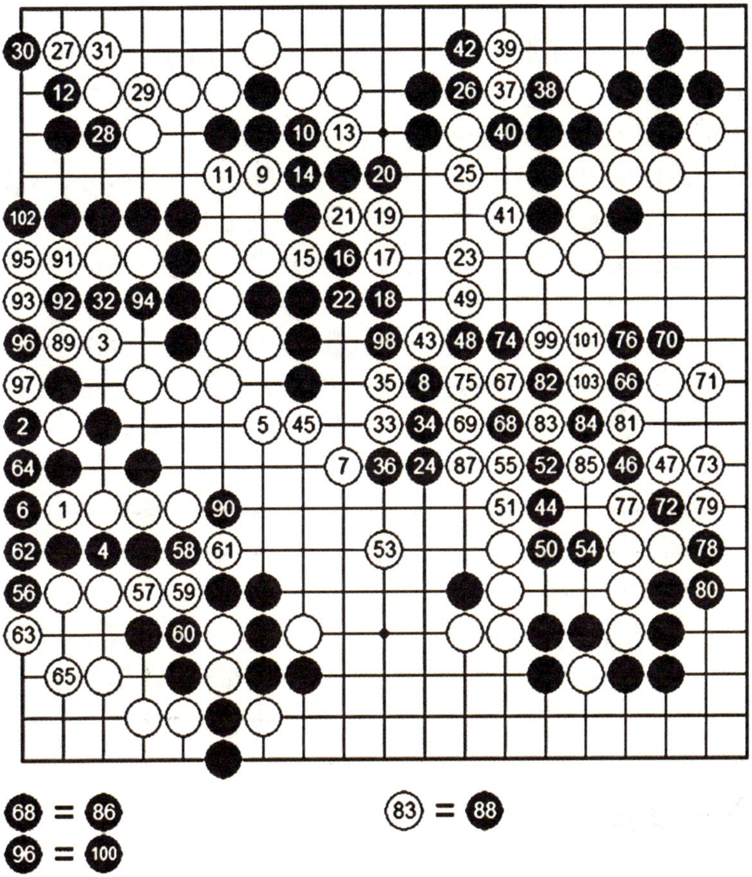

谱二：1-103 手（及 104-206 手）

（五）2002 年对韩国曹薰铉

5 月 20 日　北京　第四届春兰杯世界职业围棋赛

黑：丁伟八段　白：曹薰铉九段

共 212 手　白中盘胜

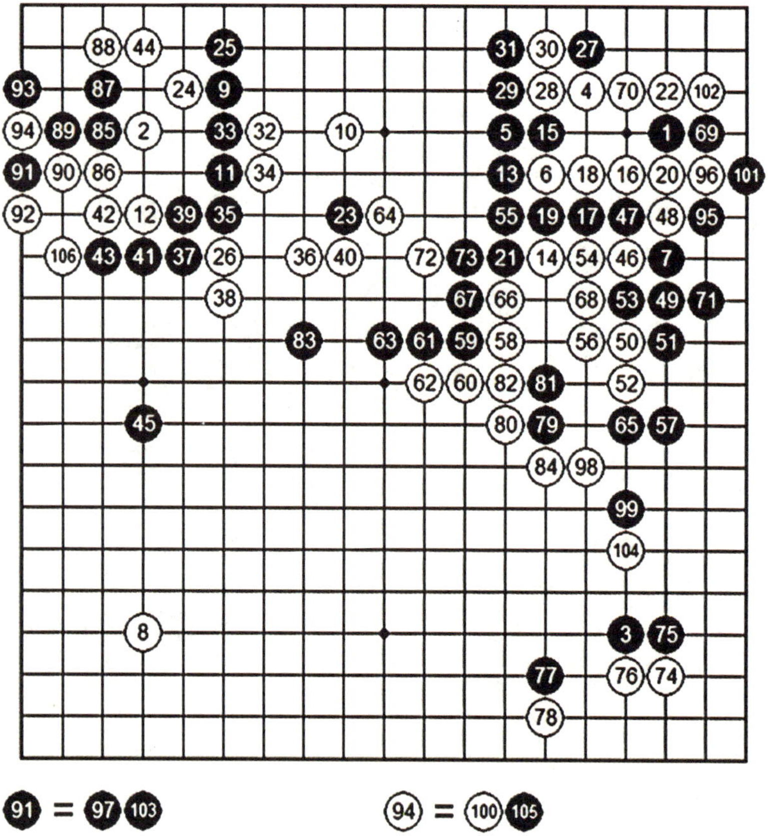

谱一：1–106 手

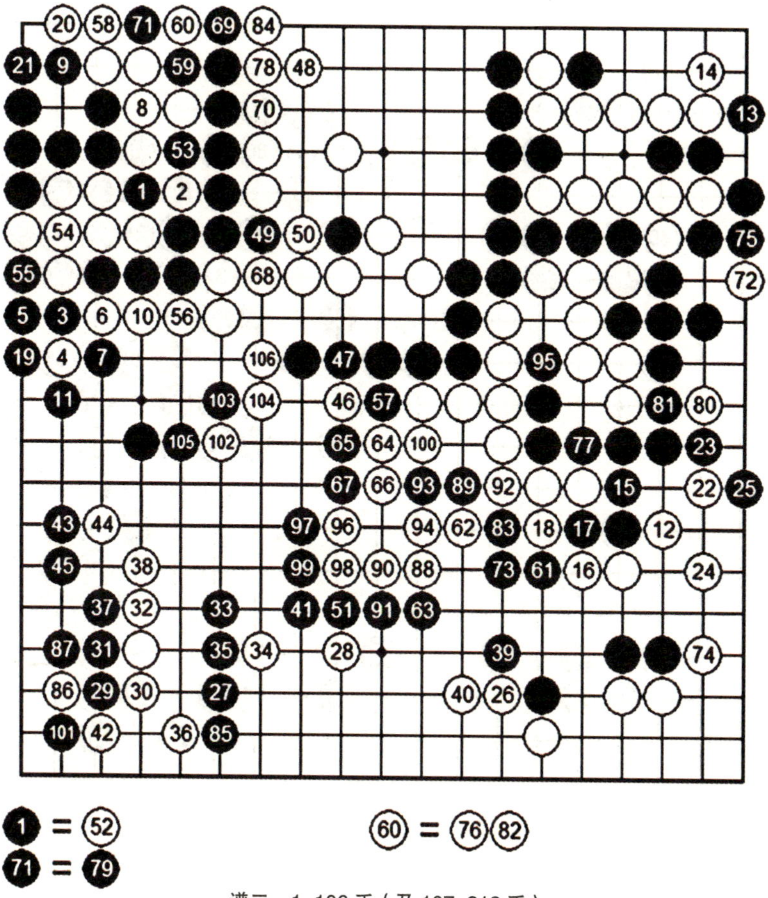

谱二：1–106 手（及 107–212 手）

（六）2003 年对日本王立诚

11 月 13 日　北京　2003 年好猫杯围棋甲级联赛

黑：王立诚九段　白：丁伟八段

共 203 手　黑中盘胜

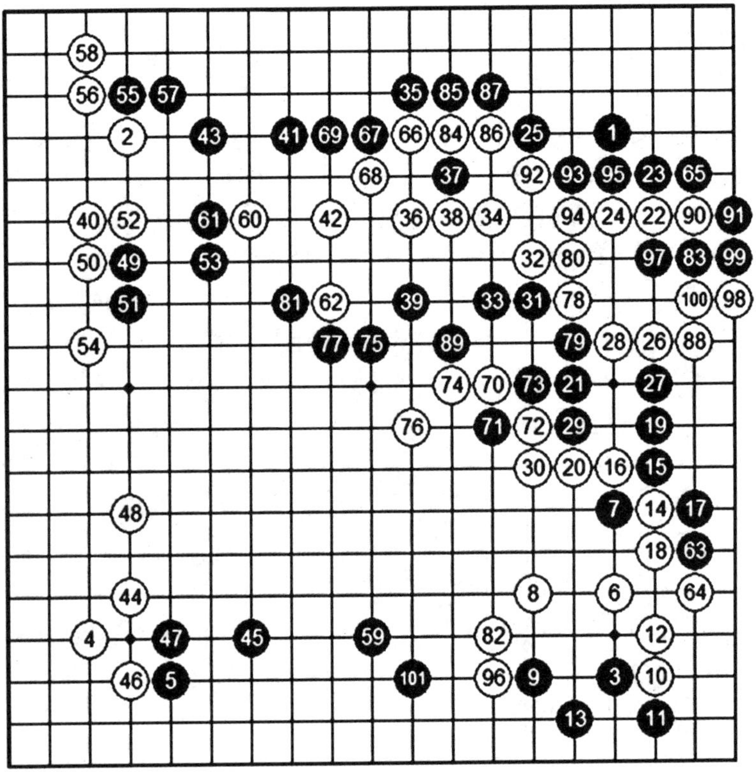

谱一：1–101 手

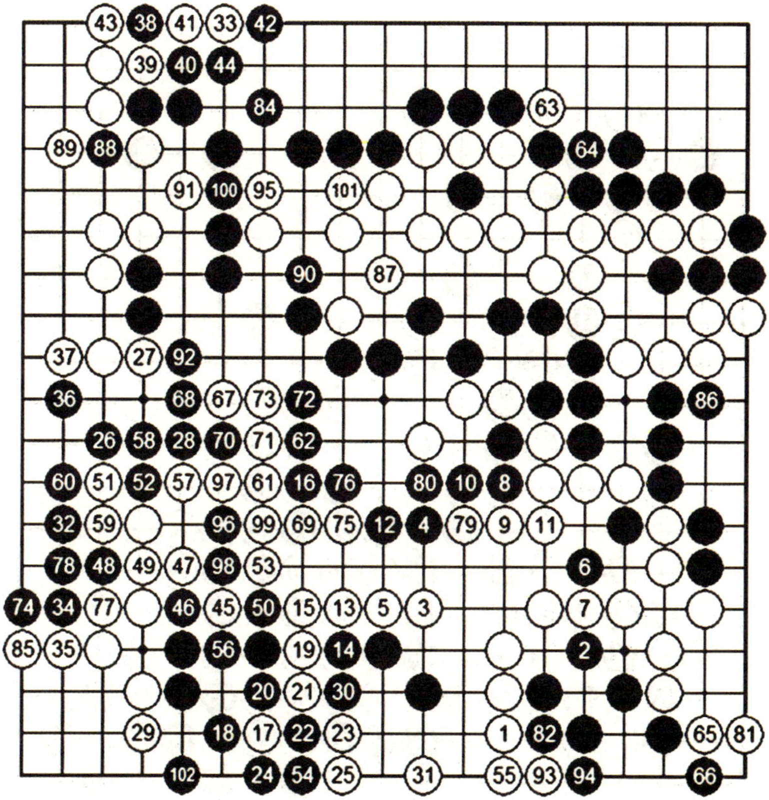

38 = 83

谱二：1–102 手（及 102–203 手）

（七）2004 年对日本结城聪

3 月 21 日　日本冲绳　第三届 CSK 杯亚洲四强赛

黑：丁伟八段　白：结城聪九段

共 264 手　白中盘胜

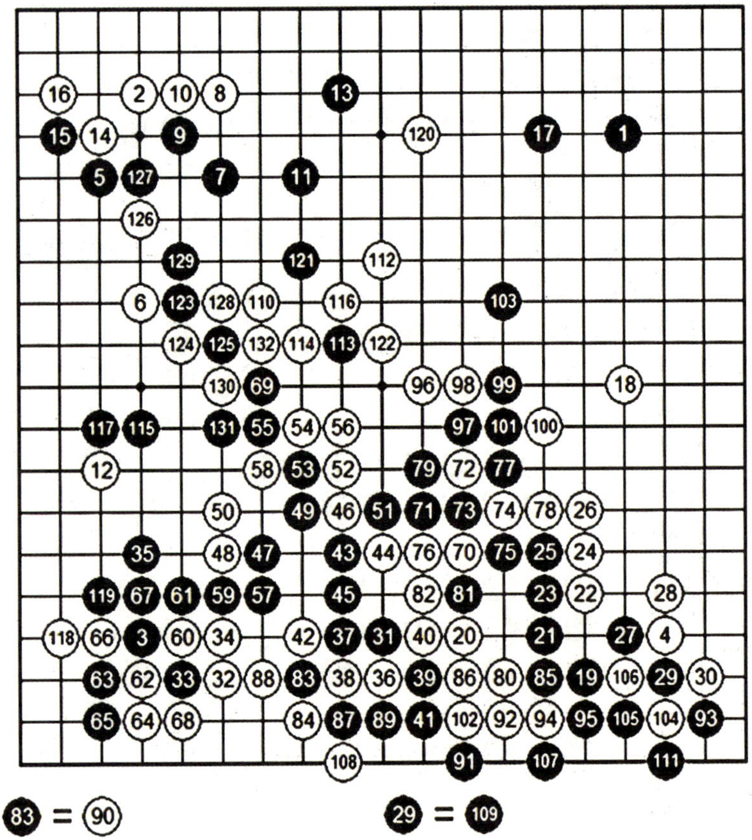

谱一：1–132 手

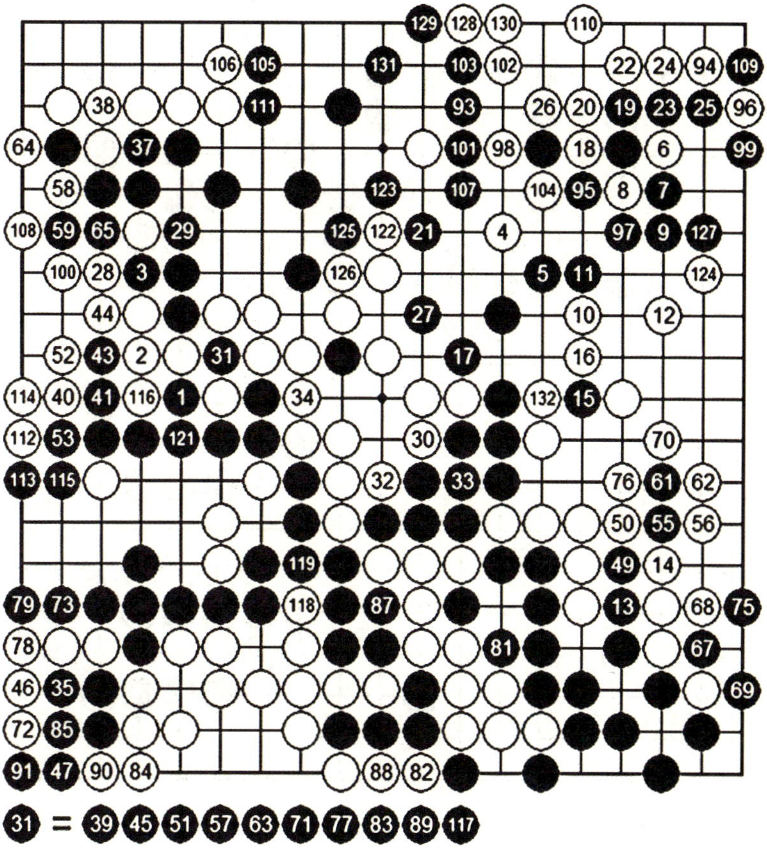

谱二：1-132 手（及 133-264 手）

（八）2006 年对日本河野临

5 月 2 日　日本大分　第五届 CSK 杯亚洲四强赛

黑：河野临八段　白：丁伟八段

共 171 手　黑中盘胜

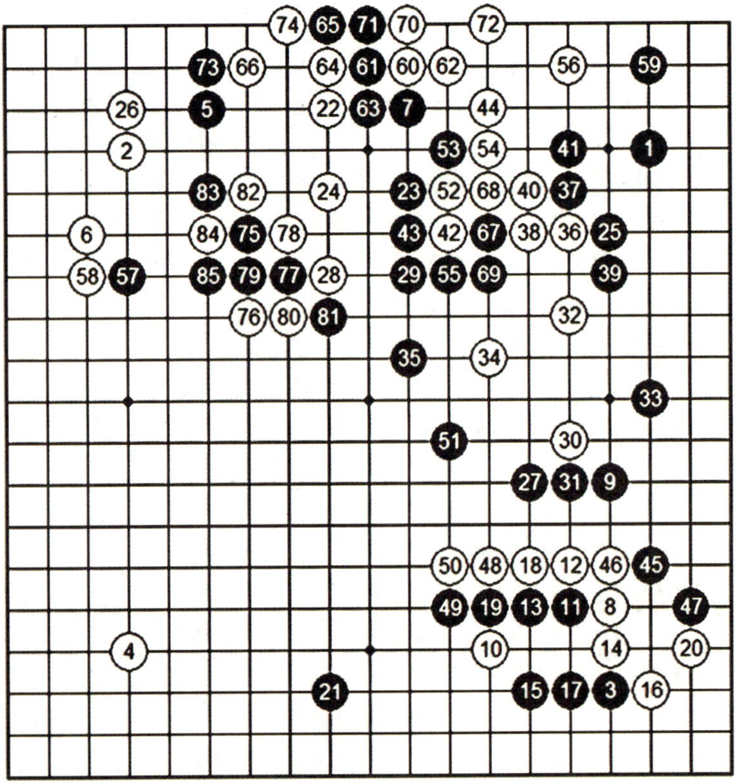

谱一：1–85 手

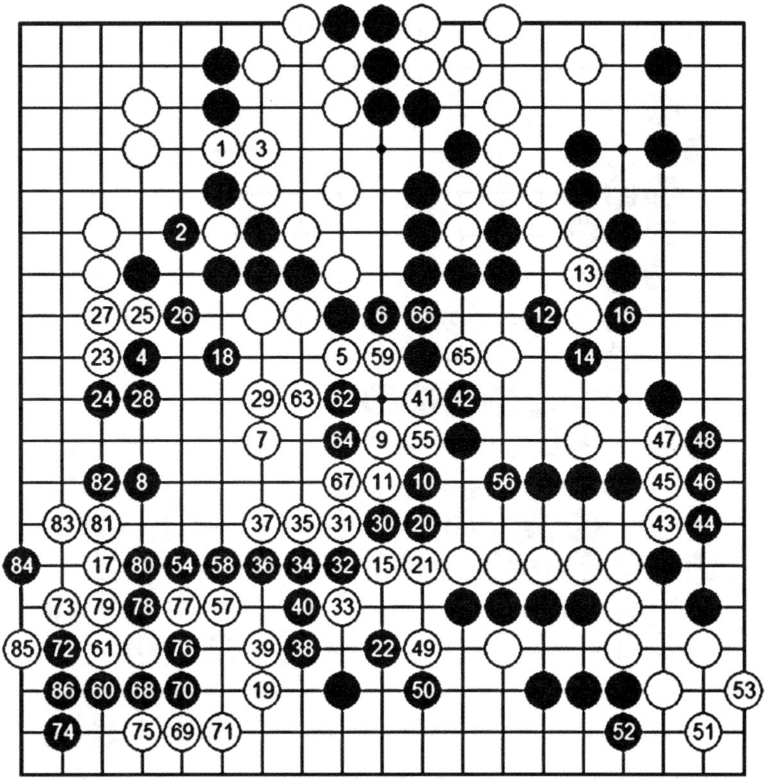

谱二：1–86 手（及 86–171 手）

（九）2009 年对韩国李世石

9 月 7 日　贵阳　2009 年金立手机杯全国围棋甲级联赛

黑：丁伟九段　白：李世石九段

共 190 手　白中盘胜

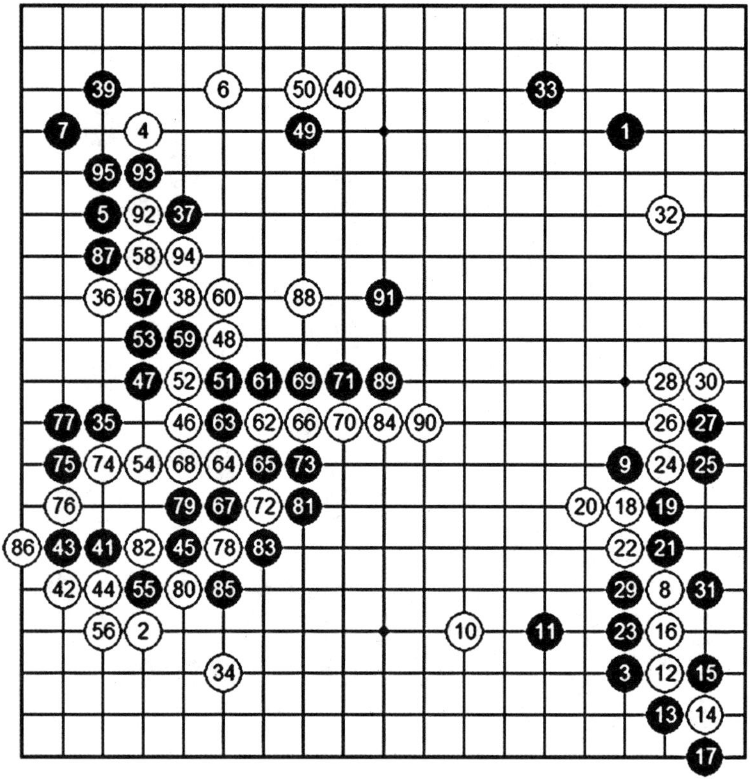

谱一：1–95 手

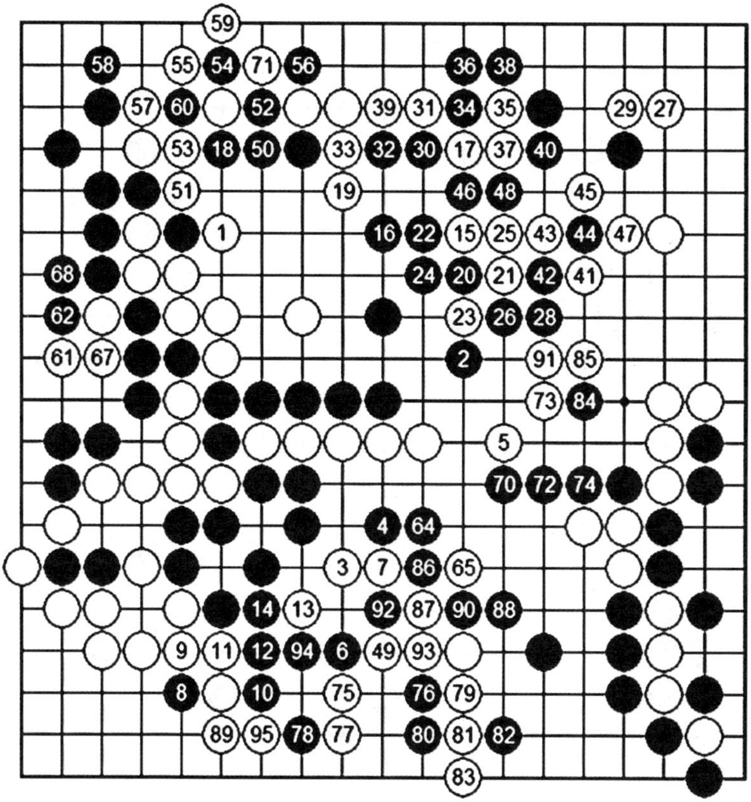

60 = 66

谱二：1–95 手（及 96–190 手）

（十）2009 年对韩国李昌镐

10 月 13 日　韩国大田　第 14 届三星保险杯世界围棋大师赛

黑：李昌镐九段　白：丁伟九段

共 163 手　黑中盘胜

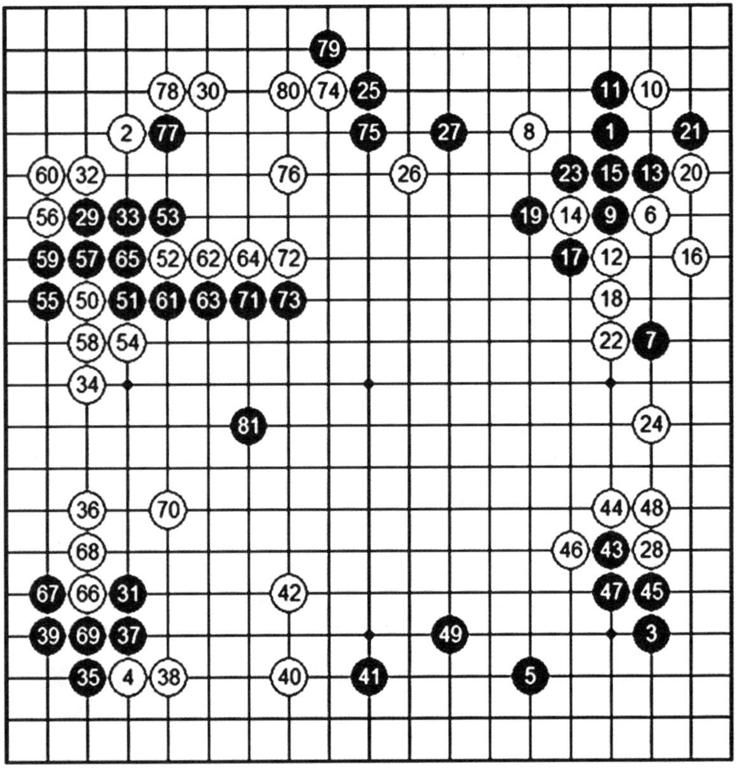

谱一：1–81 手

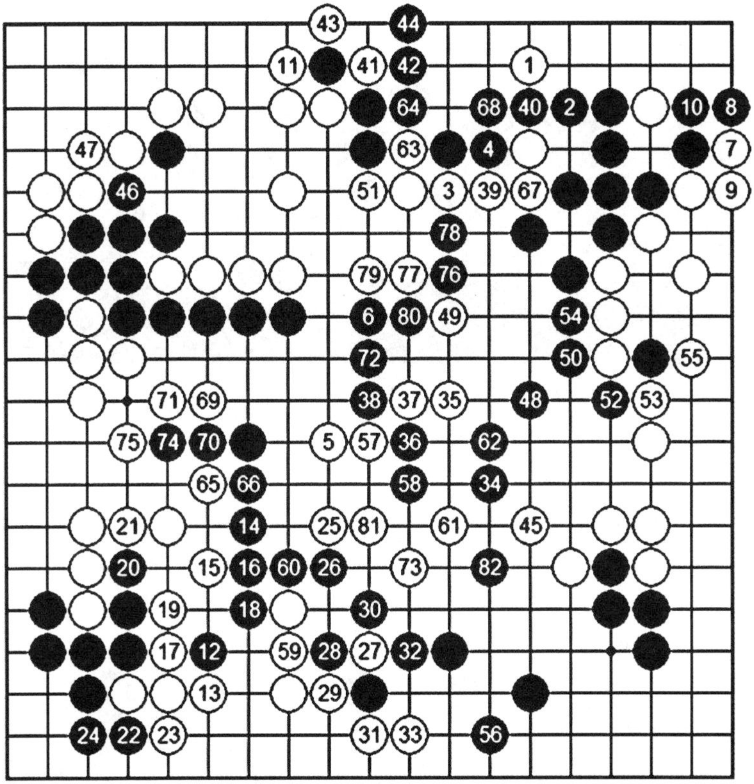

谱二：1-82 手（及 82-163 手）

◆ 1997 年，《围棋天地》要拍七小龙照片，大家按要求穿上队服，到天坛公园拍摄（自左至右：邵炜刚、周鹤洋、刘菁、常昊、罗洗河、王磊、丁伟）

◆ 2007 年，继十年前的合影后，“七小龙”再次站原位合影，其时已成为国家队的中流砥柱

后记

2013年8月中旬，我们学校（云南师范大学）还在暑假期间，这天上午，我正在家里看书，突然接到学校旅游与地理学院王斌老师的一个电话，说是当天晚上他和好友秦浩（《春城晚报》体育部记者）要与中国棋院的国手丁伟一块儿吃饭，问我想不想一起见见，说我还可以约一个围棋好友过去。王斌老师是云南师范大学教工围棋协会的会员，我当时担任为大家服务的围棋协会秘书长。通过举办几次围棋赛事活动，我和王斌已经是老熟人了。接到这个电话，对业余棋手来说，无疑是一个巨大的好消息，我连忙说好啊好啊，于是约了学校围协的常务副会长罗骥老师一块儿前往，在昆明西站旁的红盛门餐馆第一次与丁伟见了面。

我校围协自2011年成立以来，在会长曾华副校长和校工会的支持下，每个学期都举办相关活动。从认识丁伟以后，只要一开展围棋活动，就邀请他过来指导，并长期担任我校围协的顾问。由中国棋院的九段国手担任学校围协的顾问，这在云南高校中应该是首次。后来，在“丁伟围棋教室”创办过程中，在2015年云南大学生围棋联赛申办与组织过程中，我多次协助丁伟工作，有机会与丁伟多次接触往来，加上自己学的是历史专业，出于专业习惯，初步查阅了有关丁伟的相关资料。2015年10月，我与丁伟九段相识已经两年多，对丁伟的高超棋艺，朴实谦虚、待人真诚的品质有了比较深的了解和认识，觉得丁伟可以算得上是云南土生土长的体育界名人，应该考虑把他的围棋人生介绍给云南的围棋学子，鼓舞和激励他们更好地学棋，更好地弘扬国粹，对云南的围棋事业一定会产生积极的现实意义！

于是，我把想法告诉出版界的同志，得到他们的大力支持。当我把这个想法告诉丁伟时，他马上摇头表示不同意，他说了几个原因：一是自己在中国围棋界只是很普通的一名棋手，并没有做出什么成就，也没有拿到个人的围棋世界冠军；二是自己的老师们如陆军、吴玉林、俞斌等都没有出版有关自己围棋之路的书，特别是俞斌老师，尽管他获得了很多冠亚军头衔（包括世界冠军），也没有出书，更何况自己；三是出书这件事从来都不敢想，一方面自己总结的心得不太多，另一方面自己还不太善于语言表达，只是喜欢手谈。听了丁伟的想法，我觉得有一定道理，但从激励云南后学的角度出发，丁伟曾获得全国围棋个人赛冠军，曾进入世界排名前四，曾获得世界团体冠军……是可以写一写的。经过多次交流与劝说，我又与陆军老师、吴玉林老师联系，他们都觉得这是一件好事，对宣传和传播围棋文化，树立本地学棋榜样，进一步发展云南的围棋国粹事业无疑具有积极作用。听到这些话，丁伟才勉强同意配合完成这本小书。从 2015 年 11 月开始撰写提纲，到不断采访、搜集资料，到 2017 年 11 月初稿完成，花了两年的时间写作本书。

从 1984 年丁伟开始接触围棋，到 2017 年丁伟全身心投入围棋在云南的普及和推广，这本小册子主要记录了丁伟从 5 岁到 38 岁的围棋之路。这段围棋之路可以分为以下几个阶段：大姚铜矿里的启蒙与初学阶段（1984~1986）；云南省棋队少棋班阶段（1986~1990）；国家围棋少年训练队阶段（1990~1996）；中国棋院国家队队员阶段（1996 至今）。

在这二十多年的时光里，丁伟对中国围棋界产生较大影响的有三件事。

1997 年，获得全国个人赛冠军；2000 年，书写了“龙飞虎”网络传奇；2007 年，成为中国第 28 个职业九段，并在次年两次击败“世界围棋第一人”韩国李世石。

除此之外，丁伟获得其他比赛冠亚军的影响略逊于这三件事，但对于围棋界也是大事。我们只列举丁伟获得的冠亚军，季军省略不计。如 1995 年的中环杯冠军，1997 年的全国个人赛冠军，1999 年的全国个人赛亚军，2000 年的 CCTV 快棋赛冠军，NEC 新秀杯亚军，新人王赛亚军，2001 年的天元战亚军，2002 年的招商银行杯快棋赛亚军，西南王赛亚军，2003 年西南王赛亚军，2004、2006 年获第三届和第五届 CSK 杯亚洲（三国四队各出五名选手）团体赛冠军，2007 年获第二十届“名人战”亚军，2008 年的首届世界智力运动会团体亚军等等。

三十九岁前的丁伟已经取得了中国大多数围棋手一生难以取得的成就。我们对此做了一个简单的记录，一来希望激励后进，二来期待丁伟接下来在故乡云南普及和推广国粹，发挥围棋教化功能的事业中取得优异的成绩！

本书暂时搁笔，所述所评因作者能力与视野所限，必有诸多不妥之处，望读者给予指正，寻机修正，更趋至臻。

在本书的编辑出版过程中，云南美术出版社刘大伟社长和于重榕、刁正勇等同志给予了不遗余力的支持和帮助，在此表示衷心感谢！

李毅